全国学前教育专业
"十三五"规划教材

学前儿童
健康教育与活动指导

附微课视频

◎ 李英华 董慧芳 主编

人民邮电出版社

北京

图书在版编目（CIP）数据

学前儿童健康教育与活动指导：附微课视频 / 李英
华，董慧芳主编. -- 北京 ：人民邮电出版社，2019.1（2023.7重印）
全国学前教育专业"十三五"规划教材
ISBN 978-7-115-48827-5

Ⅰ．①学… Ⅱ．①李… ②董… Ⅲ．①学前儿童－健
康教育－幼儿师范学校－教材 Ⅳ．①G479

中国版本图书馆CIP数据核字(2018)第149819号

内 容 提 要

本书全面系统地阐述学前儿童健康教育的基础知识，并介绍相关实践技能。全书共有九章，在对学前儿童健康教育的含义及实施方略做出概述的基础上，详尽讲解了学前儿童健康教育的五大方面，即安全教育、身体自护与生活自理教育、饮食与营养教育、体育以及心理健康教育，并针对实践中常见的几种儿童偏异行为的矫正给出建议。每章开头配有引导案例，方便读者顺利进入学习；每章末尾安排了丰富的实践项目，并且附有思考题与实践操作题，帮助读者及时检验学习效果。

本书可作为高等院校、高等职业院校学前教育专业的教材，也可作为幼儿园一线教师的教学参考用书，还可作为相关培训班的教材和参考用书。

◆ 主　　编　李英华　董慧芳
　　责任编辑　朱海昀
　　责任印制　马振武
◆ 人民邮电出版社出版发行　　北京市丰台区成寿寺路 11 号
　　邮编　100164　　电子邮件　315@ptpress.com.cn
　　网址　https://www.ptpress.com.cn
　　涿州市京南印刷厂印刷
◆ 开本：787×1092　1/16
　　印张：12　　　　　　　　2019 年 1 月第 1 版
　　字数：253 千字　　　　　2023 年 7 月河北第 11 次印刷

定价：42.00 元

读者服务热线：(010)81055256　印装质量热线：(010)81055316
反盗版热线：(010)81055315
广告经营许可证：京东市监广登字 20170147 号

P 前言

REFACE

健康教育是幼儿园教育的重要内容，也是学前教育专业课程的重要组成部分。科学地实施健康教育是幼儿教师必备的教学技能。本书以培养和提升读者在学前儿童健康教育领域的技能为目标，详细介绍了有关学前儿童健康教育的知识、实施方案以及评价方法。

健康是指人在身体、心理和社会适应方面的良好状态。《3～6岁儿童学习与发展指南》明确指出健康的发展包括"身心状况""动作发展""生活习惯与能力"。因此，本书将"学前儿童心理健康教育"作为独立章节进行介绍，并且针对常见的学前儿童行为偏异现象给出了具体的教育建议。

本书以教育教学实际应用为导向，采用"总—分—总"的思路组织内容。全书包括三大部分，共九章。第一部分（第一章）对健康及健康教育进行概述。第二部分（第二章至第八章）讲解了学前儿童健康教育的实施，首先介绍了学前儿童健康教育设计与实施的总体思路（第二章），随后分安全教育（第三章）、身体自护与生活自理教育（第四章）、饮食与营养教育（第五章）、体育（第六章）、心理健康教育（第七章）这五个模块详细介绍了学前儿童健康教育实施的具体目标、内容、方法、途径，并针对实践中常见的几种学前儿童偏异行为给出教育建议（第八章）。第三部分（第九章）介绍了学前儿童健康教育评价的相关内容。每章配有引导案例，方便读者从实际入手进行学习，并结合具体内容，以"微知识"与"二维码"的形式呈现相关补充材料，供读者参考。每章后均附有思考题与实践操作题，可以帮助读者及时检验学习效果。

本书的编写依据学科特点，顺应时代发展与专业需求，注重理论联系实际，整体上突出了活动设计、活动反思等实践性内容，并融入"扫描二维码"的学习方式，具有实用性与时代性。

本书由太原学院的李英华、董慧芳担任主编。其中，李英华编写了第一章、第二章、第三章、第七章、第八章，并负责拟定提纲、选配插图、统稿等工作；董慧芳编写了第四章、第五章、第六章、第九章。编者在此特别感谢中化二建集团有限公司幼儿园、太原市韬园幼儿园为本书提供的大量活动设计方案以及图片与视频资源。

需要说明的是：广义的学前期是指0～6岁，狭义的学前期是指3～6岁（即儿童上幼儿园的年龄段）。本书所讲解的学前儿童健康教育主要针对3～6岁的学前期，该时期也被称为"幼儿期"。通常情况下，纲领性文件中习惯将儿童称为"学前儿童"，幼儿园在"健康、语言、社会、科学、艺术"这五大领域的教育习惯被称为"学前儿童××教育"。为了在出版物中规范称谓，在本书中，编者在上述两种情况之外，对于儿童的称谓统一为"幼儿"。

由于编者水平和经验有限，书中难免有欠妥和错误之处，恳请广大读者批评指正。

编者
2018年5月

目录
C ONTENTS

第一章

学前儿童健康教育概述

【本章学习目标】

◆ 掌握健康及健康教育的含义；

◆ 了解影响健康的主要因素；

◆ 理解学前儿童健康教育的特殊之处；

◆ 掌握学前儿童健康教育的目标与途径。

《幼儿园教育指导纲要》（以下简称《纲要》）明确指出：幼儿园必须把保护幼儿生命和促进幼儿健康放在工作的首位。健康教育的重要性不言而喻。

学前期是儿童身体发育和机能发展极为迅速的时期，也是形成安全感和乐观态度的重要阶段。在此时期开展的健康教育不仅关系到幼儿当下的健康状况，更对其将来的发展产生重要且深远的影响。树立正确的健康观念是开展幼儿健康教育工作、促进幼儿健康成长的认知背景。

【引导案例】

小天的成长

去年 8 月，我们结识了小班的一名新生，他叫小天。大眼睛对我们两位老师眨巴眨巴，似乎在问："你们是谁？"

通过和小天父母的交流，我们发现他们对小天入园非常焦虑，这是有原因的：小天开口学说话比其他幼儿晚一年，也比其他幼儿晚 10 个月才会走路。在了解了这一情况后，我们对小天也分外留意。我们先从生活入手：课间要上厕所不会提裤子时，我们耐心帮助与指导；吃饭不会自己用勺子吃时，我们帮助喂；和大家讲话听不清他说什么时，我们总是尽全力听懂他的意思。

在小班一学年结束时，小天小朋友的进步让人感到欣慰：他的发音虽还稚嫩，但是基本能和班里幼儿交流；除了套头衫外套，其他外套他都能自己穿好并且扣纽扣；吃饭挑食的习惯已经完全被改掉，他每天都吃得香香的！小天的进步便是我们努力得来的回报，小天爸爸和妈妈对我们的谢意便是别人不能体会的精神财富！

每一个孩子都是独一无二的，我们要用爱心呵护他们的健康成长。

资料来源：中化二建集团公司幼儿园

第一节　健康及健康教育

一、健康的内涵

健康是指生理、心理及社会适应三方面全部良好的状态。这一表述正是基于人类对自身认识不断深化的结果，也标志着人类对健康的认识逐步科学化、立体化。

健康的重要性不言而喻。于个体而言，健康乃第一要义。健康是个体认识世界、发展自己的物质基础，具有唯一性。个体所具有的智慧与创造力、个体所能感受到的幸福、个体在世界的所有经历，都必须依赖健康的存在。没有了健康，一切都无从谈起。"身体健康是 1，其他因素为 0"这一比喻生动地诠释了健康之于个体的重要性。于社会而言，健康影响着整个人类社会的发展与进步。个体的聚合构成社会。个体的健康状况决定了整个社会的运行状态。

二、健康的标志

身心具备怎样的状态才可谓之为"健康"呢？根据世界卫生组织对健康的定义，健康包含三个维度：身体健康、心理健康、社会适应良好。可见，健康是一个立体的、全方位的概念，是一个动态的、连续的状态。

"身体健康"即生理状态良好，各器官与系统功能正常，无疾病与残缺，精力充沛；"心理健康"，即情绪稳定，观察问题客观现实，能适应复杂的环境变化；"社会适应良好"则表现为自己的思想、情感与行为都能与社会环境的要求保持协调。

林崇德等（2003）主编的《心理学大辞典》，对"健康"给出了3方面的评定指标。

1. 生理标准

身体强壮，各系统功能良好且相互协调，以目前的检查手段未发现病理性改变。

2. 心理标准

心理功能正常、协调一致，主观感觉良好，精力充沛、情绪稳定，应付环境自如，有积极的人生观。

3. 社会标准

行为符合社会规范，有良好的人际关系，家庭功能和职业功能良好，能享受生活和工作的乐趣。

【微知识】

世界卫生组织关于健康的10条标准：

（1）有充沛的精力，能从容不迫地安排生活，胜任工作；

（2）处世乐观，态度积极，乐于承担责任；

（3）善于休息，睡眠良好；

（4）应变能力强，能适应外界环境各种变化；

（5）能够抵抗一般性感冒和传染病；

（6）体重适当，身体匀称；

（7）眼睛明亮，反应敏捷；

（8）牙齿清洁，无龋齿；

（9）头发有光泽，无头屑；

（10）肌肉丰满，皮肤有弹性。

三、影响健康的主要因素

影响健康的因素有很多。本书根据世界卫生组织对健康的定义，将影响健康的因素归纳为生物、心理、社会 3 个方面。

1. 生物因素

生物因素是影响健康的首要因素。生物因素又具体包括：一是遗传因素，这是身体健康的物质基础。某些先天的缺陷和变异会导致身体发育畸形，功能出现异常。二是围产期[①]间的保健不当，致使胎儿在母体内的发育受到损害，导致发育障碍甚至残疾。母亲孕期的酗酒、服药、吸烟或婴儿刚出生时受到的感染与服药，都是影响婴儿健康的危险因素。三是后天生长过程中由病原体引发的疾病，以及身体机能衰退导致的病变。

2. 心理因素

心理状态是健康的一个重要维度。早在我国古代医学巨著《黄帝内经》中，就曾提到"怒伤肝，喜伤心，思伤脾，忧伤肺，恐伤肾"。20 世纪初，美国生理学家坎农（Cannon）的实验表明：外界压力可引起个体情绪改变，使机体分泌大量"交感神经素"，以应对紧急状况。加拿大学者汉斯·塞利（Hans Selye）将此一系列反应称之为"全身性适应综合征"。机体若调节成功，则恢复平衡，否则，会引起疾病等不良反应。这个调节的过程即为"应激"。

除了应激外，性格、情绪状态等因素也影响到健康水平。研究结果表明，脾气暴躁易发怒的人极易引发心脏病。人在愤怒时，肌体处于极度紧张的状态，会导致心率加快、动脉扩张，即使在愤怒情绪平息很长时间后，其精神也仍处于慌乱的状态。

3. 社会因素

社会因素包括生活方式、环境因素。

首先，生活方式是影响人体健康的重要因素。生活方式是人们长期接受一定文化、经济、习俗、规范的影响，特别是家庭影响后而形成的一系列生活习惯与健康意识。如今，不良生活习惯对人们健康的影响日益加深，"慢性病"[②]一旦防治不及时，会造成经济、生命等方面的危害，不容忽视。

其次，环境从更大的角度影响着人们的身体健康。环境是身心发展的背景，包括自然环境和社会环境。大到空气、水，小到所住小区的绿化，都属于自然环境，是我们生存的刚需；社会环境的范畴也很广，从文化教育到人际关系，均属于社会环境。随着时代发展，自然环境与社会环境有机相融，相互影响，以各种方式影响着人类的健康。

四、健康教育的含义及重要性

健康教育，即通过信息传播与行为干预，引导个人和群体掌握卫生保健知识，树立健康观

---

① 围产期：是指怀孕 28 周到产后一周这一分娩前后的重要时期。

② 慢性病：指不构成传染、具有长期积累形成疾病形态损害的疾病的总称。

念，自愿形成有利于健康的行为与生活方式的教育活动。

健康教育是一种有计划、有组织的教育活动，具有系统性以及完整的评价体系，其核心是引导人们树立健康观念，并自愿形成良好的、有利于健康的行为与生活方式。健康教育通过信息传播，使人们在面临促进健康、预防疾病、治疗康复等各个层次的健康问题时，有意识、有能力做出科学的选择。

幼儿园必须把幼儿的生命和促进幼儿的健康教育放在首位。健康教育作为幼儿园教育活动的组成部分，与其他领域的教育活动一样，都是有目的、有计划地引导幼儿在主动参与的状态下接受教育的过程。其主要目标是保护和促进幼儿健康，有效促进幼儿身体发育与机能发展，初步形成安全感与乐观的人生态度。《纲要》明确指出，健康的身心状态包括"发育良好的身体、愉快的情绪、强健的体质、协调的动作，良好的生活习惯和基本生活能力"。这些既是幼儿身心健康和谐发展的重要标志，也是其他领域学习与发展的基础。

第二节　学前儿童健康教育

一、学前儿童的身心发育规律

学前儿童的身心发育规律是指学前儿童群体在生长发育过程中的一般现象。虽然在生长发育过程中，受到环境、营养、体育锻炼、疾病等因素的影响，幼儿之间会出现个体差异，但仍然存在一些规律。幼儿生长发育状况是反映其健康状况的一面镜子。

1. 生长发育由量变到质变

学前儿童的生长发育是由不明显的细小的量变到突然的质变的复杂过程，不仅表现为身高、体重的增加，还表现为全身各个器官的逐渐分化、功能的逐渐成熟。量变和质变通常是同时进行的，但各有一定的缓急阶段。以消化系统为例，在新生儿成长为成人的过程中，消化系统的各器官在不断长大、长重同时，结构和机能也逐渐复杂和完善起来。新生儿的胃容积小、胃腺数目少、分泌液量少、胃酸的浓度和胃蛋白酶的效能低，只能接受少量流质食物。随年龄增长，其消化系统的结构和机能加强，逐渐能够消化固体食物，效能大大提高。

由此可见，幼儿不是成人的缩影。幼儿情感简单，是一个没有成熟、缺少经验的机体。他们对环境的适应和对自身的保护，以及各种知识及能力，都在不断地发展和加强。因此在进行保教工作时，必须结合幼儿生长发育的特点来安排具体措施，绝不能脱离幼儿的实际，以成人的标准来安排幼儿的生活和教育。

2. 生长发育具有阶段性和顺序性

学前儿童的生长发育是有阶段性的，每个阶段都有独有的特点。各阶段按顺序衔接，不能跳跃。前一阶段为后一阶段的发展打下必要的基础，任何一个阶段的发育受到阻碍都会对下一阶段的发育带来不良影响。例如，新生儿出生时只能吃流质食物，只会躺卧和啼哭，到 1 岁时便能吃多种普通食物，会走路和说单词。这是很明显的变化，但在这之前必须经过一系列的变化。如幼儿在说单词之间，必须先学会发音，同时，要学会听懂单词；能吃固体食物之前必先能吃半流质食物；会走路之前必先经过抬头、转头、翻身、直坐、站立等发育步骤。

儿童身高、体重参照标准

婴儿期身体各部位的生长发育有一定的规律性，一般遵循由上到下、由近到远、由粗到细、由低级到高级、由简单到复杂的规律，见表1-1。

表1-1　婴儿期身体发展顺序（大动作）

动作分类	身体部位及发育先后顺序	具体动作
大动作	1. 头部	抬头、转头
	2. 上肢	取物
	3. 躯干	翻身、直坐
	4. 下肢	爬、立、行

精细动作方面，以上肢为例，婴儿的精细动作是从整个上肢逐渐发展到手指，由身体正中向侧面发展。这被称之为"正侧发展规律"，见表1-2。

表1-2　婴儿期身体发展顺序（上肢精细动作）

动作分类	生长时期	具体动作
上肢精细动作	初生	无意识地乱动，手几乎不起任何作用
	4~5个月	能有意识地去拿东西，但只会用手一把抓
	10个月左右	会用指尖去拿东西
	1岁左右	会灵巧地用两个手指捏起细小的物体

3. 生长发育的速度具有不均衡性

一个人身体的生长发育是快慢交替的，因此发育速度曲线并不是随年龄呈直线上升，而是呈波浪式上升的。在整个生长发育期间，全身和大多数器官、系统有两次生长突增高峰。第一次是在胎儿期，第二次是在青春发育初期，而且女性青春期比男性大约早两年出现。以身高、体重为例，由胎儿到成人的两个突增阶段，见表1-3。

第一个突增阶段：由胎儿中期开始到 1 周岁。表现为头尾发展规律。胎儿中期（4 ~ 6个月）时，身长增加最快，是一生中身长增加最快的阶段。胎儿后期（7 ~ 9个月）皮下脂肪积累很快，是一生中体重增加最快的阶段；2 岁前的婴幼儿的身体增长速度仍比后几年快些。

2 岁后，身高和体重增长速度急剧下降，直到青春发育期前，一直保持平稳的，较慢的发育速度。

第二个突增阶段：青春发育期，表现为向心发展规律。在生长发育的过程中，身体各部位的生长速度不完全相同，因此身体各部位的增长幅度也不一样。一个人从出生到发育成熟，头部增大大约 1 倍，躯干增长约 2 倍，上肢增长约 3 倍，下肢增长约 4 倍。从身体形态上看，一个人的身体形态从出生时较大的头颅、较长的躯干和短小的双腿，逐渐发展为较小的头颅、较短的躯干和较长的双腿。

表1-3　生长发育的两个突增阶段

发育指标	第一突增阶段 胎儿中期—1周岁	第二突增阶段 青春发育期
身高	胎儿中期约增加27.5cm	男孩每年增加7～9cm 女孩每年增加5～7cm
体重	胎儿后期约增加2300g	平均增加5～6kg

4. 生长发育具有统一性与协调性

身体的不同器官或系统的发育不是同时进行的。某一些器官发育得较快，另一些器官发育得较慢，有的器官在一定阶段趋于退化，呈现出不同的发育趋势。

（1）神经系统领先发育。神经系统，尤其是大脑，在胎儿期和出生后一直是领先发育的。婴儿出生时脑重约 350 克，相当于成人的 25%，而同期的体重仅为成人的 5% 左右；6 岁幼儿的脑重已相当于成人的 90%。在这段时间里，伴随着大脑的迅速发育，幼儿的各种身体机能、语言发展和动作发展也是比较快的。

（2）淋巴系统发育得最快。淋巴系统的发育速度在人生第一个 10 年中非常迅速，在第二个 10 年间逐渐减缓。因为学前时期机体对疾病的抵抗力弱，需要淋巴系统来保护，所以出生后淋巴系统的发育特别迅速，一般在 10 岁左右达到高峰。10 岁以后随着其他各系统的逐渐成熟和对疾病的抵抗力增强，淋巴系统逐渐萎缩。

（3）生殖系统发育较晚。人在出生第一个 10 年中生殖系统发育缓慢；在第二个 10 年，特别是在青春期生殖系统迅速发育并达到成人水平。

身体各系统的发育时间和速度虽然各有不同，但机体是统一的整体，各系统的发育并非孤立地进行，而是相互联系、相互影响、相互适应的。因此任何一种对机体起作用的因素，都可能影响到多个系统。例如，适当的体育锻炼不仅促进骨骼肌肉的发育，也促进呼吸系统、循环系统和神经系统的发育。

5. 生长发育具有个体差异性

幼儿的生长发育有一般的规律，但由于幼儿的先天遗传素质与先天、后天的环境条件并不完全相同，因而无论是身体的形态还是机体的功能都存在着明显的个体差异。每个幼儿的体型（高矮胖瘦）、生理功能（强弱）和心理特点（智力高低）是各不相同的。没有两个幼儿的发育水平和发育过程完全一样，即使在一对同卵双生子之间也存在微小的差别。先天因素决定一个孩子发育的可能性，后天因素决定其发育的现实性。

在评价某个幼儿的生长发育状况时，不能简单地将其指标数据同标准平均数比较，并由此做出片面的结论，而应考虑到个体发育的差异性，将他们以往的情况与现在的情况进行比较，观察其发育动态，才更有意义。幼儿教育工作者应尽可能改善幼儿的后天环境条件，使每个幼儿都能充分发挥他们的遗传潜能，使他们的生长发育达到应有的水平。

6. 生理的发育和心理的发展密切联系

幼儿生理和心理的发育是统一的。生理发育是心理发育的基础，而心理的发展也同样影响生理功能。

生理状态会影响心理的发展。生理上的缺陷会引起幼儿心理活动的不正常。如患有先天斜视的幼儿，可能因遭受同伴的讥笑而引起自卑，于是会经常主动地闭上有问题的眼睛来掩盖自己的缺点。长此以往，会造成两只眼睛的大小有显著差异。失聪的幼儿，因为听不到别人清楚的话语，易造成发音不正确，若经常受到家长斥责，在说话时就会犹豫不决，容易出现口吃现象。有的幼儿明显矮小体弱，学习和活动能力都比较低，这种幼儿容易产生自卑感，信心不足、不爱参加集体活动等心理状态。因此，对幼儿生理上的缺陷除应进行及时的治疗外，不能歧视他们，应热情帮助他们，鼓励他们克服困难，树立奋发向上的信心，使幼儿身心都能得到正常健康的成长。

心理的状态也会影响生理的发育。情绪影响人的生理功能，当幼儿情绪不好时，消化液分泌会减少，致使食欲减退，直接影响幼儿的消化和吸收。如果经常这样，会引起消化机能紊乱，影响幼儿获得营养，妨碍其生长发育。相反，在精神愉快时，幼儿食欲旺盛，消化吸收的效率也高，有利于生长发育。心理的正常发展能保证和促进幼儿身体的正常发育。国外学者研究认为，破裂家庭的子女和再婚家庭的子女遭受虐待或歧视后，会影响其正常的身体发育，严重的可导致身体发育矮小，骨龄落后，性发育迟缓。

总之，幼儿教育工作要想促使幼儿生长发育达到最高水平，就必须认识和掌握幼儿从小到大生长发育的规律，以及影响幼儿生长发育的因素，才能有的放矢地、更有效地采取各种有利的措施，保证幼儿在生理和心理都得到全面的发展。

二、学前儿童健康教育的意义

《纲要》明确要求："幼儿园必须把保护幼儿的生命和促进幼儿的健康放在工作的首位。"可见，对学前儿童进行健康教育具有十分重要的意义。

1. 学前儿童健康教育是保护学前儿童健康成长的特殊需要

学前儿童身体各部位器官的发育和功能尚未完善，自我保护意识、对疾病的抵抗能力、对环境的适应能力均较弱，容易受到伤害。幼儿心理发展迅速，易受多种因素影响。因此，他们要接受适当的健康教育，参与力所能及的健康活动，以学到更多的健康知识，改善自己的健康状态，养成有利于自身和他人的健康的行为习惯。

2．学前儿童健康教育将为学前儿童一生的健康和生活奠定良好的基础

学前儿童健康教育是终身健康教育的基础。学前时期的健康不仅能提高学前儿童的生命质量，而且为其以后一生的健康奠定了基础。

3．学前儿童健康教育是对学前儿童进行全面素质教育的重要组成部分

学前儿童的全面素质教育包括身心健康素质的教育、智能素质的教育、品德素质的教育和审美素质的教育。学前儿童健康教育在促进学前儿童身心健康发展的同时，还能促进学前儿童其他方面的发展。如学前儿童学习体操，不仅能锻炼身体，还能学习与同伴之间的相处，能欣赏优美的音乐和动作等。这些都有利于学前儿童全面素质的发展。

4．学前儿童的身心健康是国家、民族发展的需要

《中共中央国务院关于深化教育改革，全面推进素质教育的决定》指出："健康的体魄是青少年为祖国和人民服务的基本前提，是中华民族旺盛生命力的体现。"学前儿童的健康是提高人口素质、民族素质的重要保证。只有个体的身心健康，才能促进整个国家、民族的强大和繁荣。

三、学前儿童健康教育的目标

在《纲要》与《3～6岁儿童学习与发展指南》中，健康教育目标都是以多维度的形式来展现的。

《纲要》明确指出学前儿童健康教育的目标是：（1）身体健康，在集体生活中情绪安定、愉快；（2）生活、卫生习惯良好，有基本的生活自理能力；（3）知道必要的安全保健常识，学会保护自己；（4）喜欢参加体育活动，动作协调、灵活。

《3～6岁儿童学习与发展指南》中，将健康教育目标的达成分为3个领域：身心状态、动作发展、生活习惯与能力。同时该指南指出：发育良好的身体、愉快的情绪、健康的体质、协调的动作、良好的生活习惯和基本能力是幼儿身心健康的重要标志，也是其在其他领域学习与发展的基础。

"身心状态"包括身体和心理两方面的发展状况，这是科学健康观念的重要体现。其中，根据幼儿身体发育、情绪表现和适应能力三个维度提出了幼儿阶段需要学习和发展的具体目标，集中表现为幼儿在身体形态、身体机能和心理发展的基本状况。

"动作发展"包括身体大肌肉动作和手部小肌肉动作两方面的发展目标。幼儿的动作发展是身体机能发展状况的重要表现，同时也与幼儿心理的发展具有内在联系。身体动作的发展是幼儿适应社会生活必备的基本能力，而幼儿期是其身体动作发展的重要时期。

"生活习惯与能力"包括与幼儿健康成长密切关联的生活习惯、卫生习惯、自理能力和安全意识。良好的生活与卫生习惯是维护和促进幼儿自身健康的重要保证。幼儿阶段正是养成良好行为和习惯的重要时期。幼儿需要从学习基本的生活技能开始，为今后的独立生活打下良好基础。

以上细分的类目是学前儿童健康教育的分类目标。除此之外，按照目标所涉及范围的广度，又可分为以下层次。

1. 领域目标

学前儿童健康教育的终极目标包括身心状态、动作发展、生活习惯与能力三个方面，包括：（1）身体正常发育，增强体质，身心健康发展；（2）对体育活动感兴趣，发展基本动作的同时，初步形成积极向上的心理品质；（3）获得基本健康常识，养成良好生活习惯，初步形成自我保护的意识与能力。

2. 阶段目标

《3～6岁儿童学习与发展指南》中以不同年龄段幼儿的身心发展特征为经，又以不同类目幼儿发展水平为纬，交织成一个清晰明确的目标网络，确定了每个年龄段、每个类目的发展目标，对健康教育活动的开展起到重要的指导作用。

3. 活动目标

学前儿童健康教育活动都是有其具体目标的，都有教师实施教育活时的具体要求。活动目标即是终极目标、阶段目标的细化与落实。

针对中班幼儿的健康教育各级目标如表1-4所示。

表1-4　针对中班幼儿的健康教育各级目标

终极目标	获得基本健康常识，养成良好生活习惯，初步形成自我保护的意识与能力
领域目标	具有良好的生活与卫生习惯
阶段目标	常喝白开水，不贪喝饮料
活动目标	知道常喝白开水的益处与贪喝饮料的弊端，并有主动选择的意识

四、学前儿童健康教育的途径

按照健康教育的观点，学前儿童健康教育是一个集宏观、中观、微观三种教育气场融会贯通的、动态立体的教育活动，需要依赖幼儿园、家庭、社会三方协同，形成教育合力。

1. 幼儿园健康教育

《纲要》指出：幼儿园必须把保护幼儿生命和促进幼儿健康放在工作的首位。这决定了幼儿健康教育占据了幼儿教育最为重要的位置。《纲要》指出，教育活动内容的组织应充分考虑幼儿的学习特点和认识规律，要有机联系各领域的内容，注重综合性、趣味性、活动性，寓教育于生活、游戏之中。

首先，要有效地开展健康教育活动。无论是以教师计划为主的高结构化教育活动，还是由幼儿兴趣为主的低结构化教育活动，都要在科学的健康理念的基础上，生动活泼地开展，唤起幼儿了解自己身体的兴趣、对健康行为的向往。

其次，各个领域的教育活动都有助于实现健康教育的某些目标。例如，通过语言活动，发展幼儿人际交往能力，使其注意倾听、大胆清楚地表达；通过社会活动，培养和谐融洽的同伴关系；通过科学活动，培养幼儿初步的环保意识；通过艺术活动，初步引导其发现美、感受美、创造美。一项教育目标的达成从来都不是某一领域"孤军作战"来达成的，一定是各领域协调进行而达到的。

2. 家庭健康教育

健康生活方式的养成是学前儿童健康教育的重要组成部分，健康生活方式的养成又与家庭教育有着莫大的关系。此外，幼儿对自己身体科学的认知、自我保护意识与能力等等有关健康教育的目标，都与家庭教育非常密切。

实际工作中，健康教育的困扰往往源自家庭中不正确的相关教导。例如，肥胖是幼儿常见的健康问题，家长知而不行，或知行不一，自身所掌握的健康知识没有运用到幼儿健康教育方面，或者是即使知道肥胖对于幼儿健康不利，却缺乏方法上的指引。诸如此类情况，导致教师工作总是处在"亡羊补牢"的被动状态，长此以往，不仅教育效果会打折扣，教师的工作热情也会受到影响，因此，科学有效的家庭健康教育对幼儿健康至关重要。

要想建立科学有效的家庭健康教育体系，离不开有目的、有计划的家园合作。例如，定期开展针对性强的家长沙龙，这既是学习的课堂，又是交流的平台，可以就家长健康教育过程中遇到的共性问题予以科学指导，也可以请家长交流成功育儿经验。重视家庭这一健康教育的重要课堂，学前儿童健康教育将会事半功倍。

3. 社会健康教育

社会是任何教育有效实施的巨大场域，是促进和发展幼儿健康的更为宏观的背景。首先，建立与完善健康教育模式，加强宣传导向，将科学的健康观念渗透至每个家庭；其次，加大健康教育的投入，建立配套的健康教育场所，缓解健康教育设施的不足；第三，举办"健康教育周"一类的活动，扩大健康教育的组织形式，大力开展社区健康教育活动，特别是有幼儿参与的以家庭为单位的健康教育；第四，充分利用专业健康教育机构、医疗卫生机构、多种宣传媒体、各类社会团体、街道和社区等方面的资源，融合多种教育力量，争取更好的健康教育效果。

【本章小结】

◆ 健康是指生理、心理及社会适应这 3 方面全部良好的状态。

◆ 影响健康的因素主要有生物、心理、社会 3 个方面。健康教育，即通过信息传播与行为干预，引导个人和群体掌握卫生保健知识，树立健康观念，自愿形成有利于健康的行为与生活方式的教育活动。

◆ 学前儿童的身心发育是从量变到质变的过程，具有阶段性和顺序性、不均衡性、统一性与协调性、个体差异性，生理与心理发育紧密联系。

◆《3～6 岁儿童学习与发展指南》中，将健康教育目标的达成分为 3 个方面：身心状态、动作发展、生活习惯与能力。

【本章练习】

一、思考题

1. 试述健康及健康教育的含义。

2. 举例解读学前儿童健康教育的目标。

3. 试述学前儿童健康教育的途径。

二、实操题

1. 随访几位幼儿的家长，了解他们对健康的理解。

2. 调查周围一所幼儿园健康教育的实施路径。

第二章

学前儿童健康教育活动设计与实施

【本章学习目标】
◆ 能设计不同结构化程度的健康教育活动；
◆ 理解学前儿童健康教育目标设计的原则、依据及表述。

对学前儿童的健康教育需要渗透在多种多样的活动中，基于此，活动的设计与实施就显得尤为重要。健康教育活动的价值取向直接反映在其结构化程度上，不同结构化程度的教育活动表明了不同的价值取向。健康教育活动目标的制订需要遵循一定的指导思想，遵照价值统一、整合性、发展性、明确性、差异性等原则，目标的表述要科学严谨，角度统一。

【引导案例】

幼儿园的健康课应该怎么上

两位新教师在备课时就如何确定健康教育活动的内容展开了如下讨论。

教师 A："我认为，我们开展教学活动一定要严格遵循教学计划，该上什么内容就上什么内容，这才能体现教学活动的严谨性。"

教师 B："一切按照既定计划来确实是按部就班、比较严谨，但是孩子才是活动的主体，应该从孩子们的兴趣与需要出发设计教学活动。就像今天班上的豆豆龋齿疼得厉害，她吓得说是嘴里有虫子"咔咔"地咬她的牙。我就在课上详细讲了龋齿的成因以及预防等知识，孩子们很感兴趣。"

教师 A："孩子们感兴趣肯定是好事，可上课内容听他们的怎么能行？那不是让孩子牵着老师鼻子走了吗？这样的教学活动也太随意了吧？"

教师 B："确实会很灵活，随机性很强，老师不好把控；可是完全按照老师意愿走，带给孩子的能是孩子真正想学的吗？"

请问，你同意上述哪种观点呢？

资料来源：中化二建集团公司幼儿园

第一节　不同结构化程度的健康教育活动

教育活动的价值取向直接反映在其结构化程度上。结构化程度高的幼儿园教育活动，注重课程预设的目标，强调教师规定的教学任务，强调按目标是否达成进行评价；相反，结构化程度低的幼儿园课程和教育活动，则是注重课程和教育活动的过程，强调幼儿生成的学习任务，强调根据幼儿的参与性、教师的满意度等因素进行评价。站在这样的角度评析幼儿园课程和教育活动，就容易看到各种类型的课程和教育活动的本质，而不会因它们形形色色的"外包装"而模糊了眼睛。

在赫尔姆（Helm）和凯兹（Katz）提出的"不同结构化程度的教育活动连续体"中，表明了在不同类型活动中幼儿发起活动的比重，也说明了幼儿园课程和教育教学活动设计与实施的一般原理。

朱家雄对"不同结构化程度的教育活动连续体"做了如下解读。

（1）在幼儿园课程活动中，教育活动的设计和实施在结构化程度上由低到高，形成一个连续体，所有的教育活动都可以在此连续体上找到相应的位置。

（2）一般而言，每种类型的教育活动本身的性质，决定了该教育活动结构化程度的基本状况，表现为每种类型的教育活动在此连续体上都可以找到相应的区域。

（3）尽管同种类型教育活动的结构化程度基本趋同，但是由于幼儿教育活动设计和实施等各方面原因，其结构化程度也会有所不同，表现为在连续体的与这种类型的教育活动相对应的较小范围内可以找到相应的位置。

（4）某幼儿园课程的教育取向，即"过程"对"结果"、"幼儿为中心"对"教师为中心"、"幼儿兴趣和需要为导向"对"教师计划为导向"，等等，主要反映在组成该课程的一系列教育教学活动在连续体的相对位置上的综合状况。

（5）教育活动的结构化程度越高，学科科目或学习领域的特征越明显；教育活动的结构化程度越低，各学科科目或学习领域越趋向融合。

以上解读适用于幼儿园教育活动的各个领域，既表明了各种不同结构化程度活动的特征，也表明了活动的不同价值取向。

按照活动的结构化程度为划分标准，参照"不同结构化程度的教育活动连续体"示意图，学前儿童健康教育活动可以分为无结构化、低结构化、高结构化和完全结构化的活动。每个健康教育活动都可以找到相应的位置。

通过单一领域教育活动与整合教育活动的对比，即可发现高结构化与低结构化教育活动各自的特点，如表2-1所示。

表2-1　单一领域教育活动与整合教育活动特点对比

比较维度	单一领域教育活动	整合教育活动
特点	长处：有序，严密，便于提高效率 不足：忽视幼儿需要；各领域间联系僵化	长处：各领域间有机融合；知识传授与非智力因素培养并重 不足：知识系统性不足，较为琐碎
表现方式	以教师计划为主	以各领域为中心；以主题为中心

第二节　学前儿童健康教育活动的目标

教育活动目标是指期望幼儿通过某一次教育活动所获得的某些方面的发展，是教育工作者对幼儿在一定学习期限内的学习及结果的预期，是幼儿园健康教育目的的具体化。活动目标是幼儿园活动的指南，它既是活动设计的起点，也是活动设计的终点；既是选择活动内容、活动组织方式和教学策略的依据，也是活动评价的标准。

教育活动目标的设计是否合理，定位是否准确，表述是否规范，要求是否适宜，将直接关系到活动本身的有效性和幼儿发展的实效性。教师需要把握活动目标设计的指导思想和具体原则，制定出真正具有导向功能和引领作用的适宜化目标，以有效促进幼儿的发展。

一、制订目标的指导思想

1. 以《纲要》中健康领域的目标为指导

幼儿园教育目标要以《幼儿园工作规程》和《纲要》中规定的健康领域的目标为指导，结合本班幼儿的发展水平、经验和需要来制定。

幼儿园的教育对象是 3 ~ 6 岁的儿童，该时期是个体发展的关键期，幼儿具有很强的可塑性，其生理、心理发展需要实施科学教育，才能健康发展。《纲要》中的健康教育目标是根据个体发展的不同方面及同一内容不同时期发展特点综合分析研究而制定，具有较强的科学指导性。

2. 遵循幼儿身心发展的特点及认识规律

美国心理学家格塞尔的"双生子爬梯"实验表明：幼儿的成长是受生理和心理成熟机制制约的，幼儿的身心发展是有一定顺序的，这种顺序是由先天因素决定的。如果活动目标过高，超出幼儿的能力范围之外，幼儿会因能力达不到，完不成任务不能获得成功感，失去兴趣；如果目标低于幼儿实际水平，幼儿会觉得枯燥乏味，身心疲劳，而失去了参加活动的积极性。因此制订教学活动目标时要结合本阶段幼儿身心发展的特点，遵循儿童的"最近发展区"的原则。

例如，大班健康活动"小青蛙本领强"的目标之一是引导幼儿体验跳跃的动作要领，练习不同的跳法，发展跳跃能力，如果把"练习不同的跳法"去掉，单纯体验跳跃的要领，就会使对跑跑跳跳并不陌生的孩子们失去长时间练习跳跃的兴趣。

教育活动目标的制订还要遵循幼儿的认识规律。幼儿的认识规律一般为：动作—感知—表象—概念。

例如，小班健康活动"小乌龟爬爬爬"，活动的目标首先要建立在认识小乌龟特征的基础上，然后了解小乌龟爬行速度慢，而且是四肢爬行的特点，之后才能设计"引导幼儿学习手脚着地爬行"的目标。

二、制订目标的原则

教师在制订教育活动目标时应该综合考虑幼儿的年龄特点、原有经验水平、活动的内容和性质等因素，把握教育活动目标设计的基本原则，使教育活动目标具体、明确、可操作、便于检测，有效发挥其对活动过程的指导调控作用、对活动效果的评价参照作用以及对幼儿发展的促进作用。

1. 价值统一性原则

教师的教育观念是影响幼儿发展的重要因素，它能够投射在教师的所有教育行为中，自然也能通过教育活动目标的定位显现出来。自《纲要》颁布实施以来，"以幼儿为主体""以幼儿的发展为本""从幼儿的兴趣和需要出发""更多关注幼儿在学习活动中的行为和表现"等理念都应体现在教育活动设计中。如果教师自身的教育价值观没有达成内在统一，就极易导致目标表述方式混淆不清，时而站在幼儿的角度，时而又站在教师的角度，没有遵循活动目标设计的价值统一性原则。

例如，大班健康活动"豆豆变形记"中，教师设计的两条活动目标是"引导幼儿初步了解人体各消化器官的名称及基本功能"和"知晓吃饭细嚼慢咽、饭后不做剧烈运动等良好饮食习惯"。第一条目标是从教师的角度出发进行表述的，第二条目标又是从幼儿的角度出发进行表述的，显然存在内在价值观不统一的问题。

我们把从教师的角度出发进行表述的目标称为教育目标，在表述时经常使用"培养""引导""促使""教给""指导""鼓励""增强"等词汇，它反映的是教师对自己的教育方式或者教育行动的预期值；我们把从幼儿的角度出发进行表述的目标称为发展目标，在表述时经常采用"喜欢""乐意""了解""知道""掌握""学习""感受"等词汇，它强调的是幼儿学习后获得的发展和变化，反映教师心中对活动促进幼儿发展的方向和程度的预期值。采用发展目标的表述方式更符合当前课程改革与教育理念转变的要求。

从幼儿的角度出发表述活动目标能体现教师对儿童发展的关注，体现教师教育理念的更新，体现课程改革的成效。所以，在表述教育活动目标时，应以幼儿为主体，从幼儿的角度出发表述活动目标，并且注意始终保持统一。

2. 整合性原则

教育活动的整合性首先体现在活动目标的整合性上，目标的整合是内容、方法、手段、组织形式等因素整合的基础。要体现活动目标的整合性，就要求教师在设计活动时要充分领会活动的内容和精神，充分了解幼儿的能力和水平，充分挖掘某一活动多方面的教育价值，充分考虑幼儿发展的多元性和整合性，从幼儿经验完整性的角度来考虑活动目标框架的建构。按照美国教育家布鲁姆关于教育目标的"三维分类法"，一个具体教育活动的目标可以从认知、情感与态度、动作与技能这 3 个维度来进行设计，尽量确保目标指向幼儿经验的完整获得，以服务于幼儿的全面发展。

例如，小班健康活动"蛋宝宝"中，教师设计的活动目标有两条："认识几种常见的禽蛋"和"能根据外部特征区分不同的禽蛋"。这两条目标都是认知方面的目标，显得比较单薄，可以增加动作技能方面的目标，如"能自己剥蛋壳"，以及情感态度方面的目标，如"愿意蛋白、蛋黄一起吃"。这样修改的目的并不在于刻板地追求整合和面面俱到，而在于体现教育者对同一活动的多方面教育价值的深入挖掘，并使活动的内容得以拓展，活动本身的操作性和趣味性得以提升。

尽管活动目标的"三维分类法"利于整合，但还是要考虑到健康教育活动的特点或特殊性所在，在设计活动目标时可以有所侧重。

3. 发展性原则

发展性原则是指在教育活动设计中教师必须准确地把握幼儿的原有知识经验基础和水平，并以此为依据着眼于促进幼儿在身体、认知、情感、个性以及社会性等方面的全面而整体的发展。《纲要》指出："教育活动目标要以《幼儿园工作规程》和本《纲要》所提出的各领域目标为指导，结合本班幼儿的发展水平、经验和需要来确定"。即幼儿身心发展特点和原有知识经验水平等因素是确定具体活动目标的根本依据，教师在制订具体活动目标的时候要考虑幼儿的原有水平和近期可能达到的水平，也就是确定适宜的"最近发展区"，从而制定适宜的活动目标。教师既要确保目标具有一定的难度和挑战性，又要考虑不能超出幼儿的能力范围；既要保证幼儿能够达到或完成预先确定的目标要求，又要能够避免其在低水平上的简单重复；既不任意拔高，也非盲目滞后，要以幼儿的身心发展成熟程度及可接受水平为基础，把促进幼儿的发展作为活动目标设计的出发点和落脚点，这样才能真正有效地促进幼儿的发展。

4. 明确性原则

幼儿园教育目标体系按纵向结构从上到下可以分为 5 个层次：幼儿园教育总目标—年龄阶段目标—学期目标—单元目标—具体活动目标。上一层目标的实现有赖于下一层目标的分步落实。就目标的表述而言，越是高层的目标一般越抽象、概括、笼统，越是底层的目标就越具体、

明确、可操作。因此，具体活动目标必须是明确具体且有针对性的。笼统空泛的活动目标既无法与特定教育活动有效匹配，也不可能在一次教育活动中全部实现，同时也丧失了它对于活动过程的指导调控作用和对于活动效果的评判参照价值。

在教育实践中，我们要避免出现不可测量、不可评估、不具操作性的目标，如"培养幼儿良好的生活习惯""培养幼儿安全意识""发展幼儿体能"等。类似这样的表述只适合作为中期目标或长期目标，而不适合作为某个具体教育活动的目标。另外，还有一些目标具有"放之四海而皆准"的倾向，这些也不适合作为具体教育活动的目标。例如，"能积极参加活动，感受集体活动的快乐""能积极思考并回答问题"等。

例如，有的教师在进行消防安全教育活动设计时，目标设定为"掌握基本的消防安全知识"，这是一个不够明确的教学活动目标。消防安全知识的含义是什么？哪些属于基本的消防安全知识？这些都没有说明，教师在教学活动中很难把握具体内容。一般的基本消防安全知识包括发现火情时应该拨打119报警，报警时应说出自家的地址，火场逃生的方法，如何扑救初起火灾等。不同的年龄阶段有不同的要求。在提出教学目标时，教师应当明确提出幼儿需要掌握哪些具体消防知识。

针对活动目标不明确的情况，我们可以学习布鲁姆提出的"目标关键词策略"，将活动目标细化。例如，对于认知目标，教师可以从本学期和本主题活动的关键词出发将之进行适宜化分解，分解时注重指向幼儿经验的具体化、经验获得范围的具体化、经验获得方法和手段的具体化以及经验表现形式的具体化等。

例如，中班健康活动"我爱吃青菜"的目标之一"培养幼儿良好的饮食习惯"就是比较笼统和空泛的目标，可具体化为"知道常吃青菜有益身体健康"。这样的目标才是具体、明确、可操作的。

我们还可以采用马杰（R. F. Mager）提出的"目标要素化策略"来细化活动目标，抓住"行为""条件""标准"这 3 个要素来细化具体活动目标。"行为"说明学习者通过教学以后将能做什么，以便教师能观察学习者的行为，了解目标是否达到。"条件"说明这些行为在什么条件下产生。"标准"则指出了合格行为的最低标准。

例如，在中班健康活动"运鸡蛋"中，教师所设计的一个活动目标为：在"运鸡蛋"的游戏中探索并掌握持物走的动作要领。在这个活动目标中，"探索"是"行为"；"在'运鸡蛋'的游戏中"是"条件"；"掌握持物走的动作要领"是"标准"。这一活动目标的表述就比较明确，能具体引导教师的教学活动，也便于据此检测教学效果。

5. 差异性原则

《纲要》指出："幼儿园教育应关注个别差异，促进每个幼儿富有个性的发展"。教师在设计具体活动目标时要适当考虑不同能力水平和个性的幼儿之间的差异，弹性设计活动目标。要充分考虑幼儿个性化的表现，力求使每个幼儿在每次活动中都能在自己原有的基础上得到应有的提高。对于班级人数较多的班级要做到这一点，有一定难度，但是教师仍然可以尝试设计能兼顾不同个体的差异化目标。首先是设定幼儿明确完成的最低标准，即教学的下限，这样有助于保证学习者的学习质量，必要时也可规定完成目标的上限，以鼓励学有余力的幼儿精益求精，使他们的学习潜力得以充分发挥，同时也保证了教育活动本身应有的教育公平性。

例如，在中班体育活动"过河摘果子"中，教师预设的活动目标之一是"能跨跳过宽 50 厘米的小河，不掉进河里"，这就是一个典型的"一刀切"式的目标，不能照顾到幼儿之间的能力差异。这个目标对于能力较强的孩子可能只是简单的重复，他们很快就会因活动缺乏挑战性而失去兴趣，而对于能力很弱的孩子来说，可能 50 厘米对他们来说也是难以达成的目标，会因遭受失败、体验不到成就感而放弃挑战。为了照顾幼儿的个体差异，让每个幼儿都能在挑战自我的过程中体验到成功感，我们可以设定这样的目标："能根据自己的能力和水平选择适宜的宽度过河，不掉进河里"，并对小河的场景布置进行调整，把由两条平行线组成的宽度整齐划一的"小河"改成由一条直线和一条弧线组成的"K"字型"小河"，以适应每个幼儿的原有经验水平和发展需要。

6. 适宜性原则

由于地域的不同，其气候条件、地理环境、民族风俗文化、自然环境都存在很大差异。教育目标不能简单僵硬地跟随教材，要根据本地的气候与文化资源来制定。

例如，大班健康活动"我和雪花做游戏"就具有明显的地域性。北方冬天最显著的标志是有雪花飞舞，而南方地区的冬天不一定下雪，有的南方地区在冬天还是鲜花盛开。

三、制订目标的依据

1. 对幼儿的了解

幼儿园教育活动的基本的职能之一是促进幼儿身心的和谐发展，所以编制目标时必须关注幼儿的发展、幼儿的需要与兴趣、幼儿的认知发展、幼儿社会化过程及个性形成等方面的规律与特点，以使活动目标有效地引导与促进幼儿的学习与发展。

了解幼儿是制订发展目标的依据。对幼儿现实需要的了解可以通过实际观察幼儿的身体动作、认知、情感及社会性等方面的表现来分析得出。通过对幼儿发展的预期，确立一定阶段幼儿可能达到的水平及个别差异，发现教育上的需要，帮助幼儿建立期望，从而确定适宜的目标。

2. 对社会生活的感悟

幼儿不仅生活在幼儿园中，也生活在家庭、社区与社会之中。幼儿的成长是一个不断社会化的过程，也是一个不断突破时间与空间范围的过程。所以确立幼儿园教育活动目标也必须关注社会生活及其发展需要。

幼儿对社会生活的需求，一是来自幼儿生活的社区、民族、国家乃至整个人类的发展需要；二是来自包括当前显示的社会生活需要和社会生活未来的发展趋势。要将社会生活需要纳入幼儿园的教育活动目标，并且要走到社会发展的前面，做到教育先行。

3. 对学科知识的研究与应用

幼儿园教育活动的重要职能之一是传递社会文化，使幼儿从一个自然人发展为掌握一定知

识和经验的社会人。而学科知识是文化最重要的支柱，因为文化的基本构成和集中体现即是分门别类的学科。因此，学科知识是确立教育活动目标的重要依据和来源。

　　学前教育界著名学者施良方认为，学科的功能有两方面：一是这门学科本身的特殊功能；二是这门学科所能起到的一般的教育功能。毋庸置疑，学科知识无疑是幼儿园教育活动内容的重要部分，但对于幼儿来讲，学习这些学科知识的意义取决于我们如何看待学科知识的功能与价值。如果我们过分强调学科知识的特殊功能，将会导致课程设计者将学习者逐步引向该学科的专门研究，从而强调学科知识的严密体系；如果我们强调的是学科知识的一般教育功能，那么，课程设计者将会更为看重学科知识对学习者一般发展的价值。这两种不同的价值取向直接影响到课程目标的确立。

　　幼儿园教育的奠基性质，决定了幼儿园教育活动应该注重学科知识的一般发展价值而非专门的学术特殊价值。因此，在制订目标时，应更多地关注学科知识与幼儿身心发展的关系，关注学科知识能促进幼儿哪些方面的发展。《幼儿园教育指导纲要（试行）》中健康领域的目标并没有要求幼儿掌握系统、严密的有关健康的知识，而是强调以下几点。

　　（1）身体健康，在集体生活中情绪安定、愉快。

　　（2）生活、卫生习惯良好，有基本的生活自理能力。

　　（3）知道必要的安全保健常识，学习保护自己。

　　（4）喜欢参加体育活动，动作协调、灵活。

四、目标的层次与表述

1. 目标层次

幼儿园健康教育活动的目标层次可进行如下划分。

（1）按时间划分，可分为 4 个层次。第 1 层次，即每学年的教育目标。第 2 层次，即每学期教育目标。第 3 层次，即一个月或一周的教育目标，也可以是单元活动目标。单元可以是主题活动单元，也可以是教材单元。第 4 层次，即幼儿园一日活动、一次活动或一节课的教育目标。

（2）按目标指导范围可分为 4 个层次。第 1 层次，即指导本园的教育目标；第 2 层次，即指导一个班级的教育目标；第 3 层次，即指导不同活动组的教育目标；第 4 层次，即指导每个个体的教育目标，即根据每个幼儿发展情况确定目标。

2. 目标表述

幼儿园健康教育活动目标可以从不同的角度来表述。常用的目标表述方式如下。

（1）从教师角度表述课程目标时，需要比较明确地指明教师应该做的工作与应该努力达到的教育效果，对于教师明确自己在课程教学中的角色与作用有很大的帮助。从教师角度表述时，会经常采用"鼓励""引导""帮助""使"等字眼。

例如：

① 鼓励幼儿练习侧步向前走的技能，增强身体的协调能力。

② 帮助幼儿学习掌握面对面夹球侧行的方法，通过集体、分组以及比赛的形式，提高幼儿参与的积极性。

③ 引导幼儿学会遵守比赛规则，形成一定的合作能力。

从教师角度出发表述课程目标，容易促使教师过多地关注自己的"教"，考虑"教什么""怎么教"，而忽略幼儿的"学"，因此多数人主张从幼儿角度表述课程目标。

（2）从幼儿角度出发表述课程目标时，需明确幼儿通过学习后应该达到的发展程度。经常采用"感受""喜欢""理解""能"等字眼。

例如：

① 在"运鸡蛋"的游戏中继续探索并掌握持物走的动作要领。

② 能完成不同难度的持物走任务，并能保持身体平衡。

③ 遵守游戏规则，能克服困难坚持完成任务，并感受快乐。

从幼儿角度表述课程目标可以促使教师更多地关注幼儿"学什么"与"怎么学"，关注幼儿的学习方式及学习效果，促使教师更多地"以学定教"，避免单纯地"以教定学"。

从幼儿的角度出发表述活动目标能体现教师对儿童发展的关注，体现教师教育理念的更新，克服以往教育中教师过多注意自己"教"的行为，而忽视幼儿的"学"的倾向。

【微知识】

《幼儿园教育指导纲要（试行）》中有关健康领域的内容

（一）目标

（1）身体健康，在集体生活中情绪安定、愉快。

（2）生活、卫生习惯良好，有基本的生活自理能力。

（3）知道必要的安全保健常识，学习保护自己。

（4）喜欢参加体育活动，动作协调、灵活。

（二）内容与要求

（1）建立良好的师生、同伴关系，让幼儿在集体生活中感到温暖，心情愉快，形成安全感、信赖感。

（2）与家长配合，根据幼儿的需要建立科学的生活常规。培养幼儿良好的饮食、睡眠、盥洗、排泄等生活习惯和生活自理能力。

（3）教育幼儿爱清洁、讲卫生，注意保持个人和生活场所的整洁和卫生。

（4）密切结合幼儿的生活进行安全、营养和保健教育，提高幼儿的自我保护意识和能力。

（5）开展丰富多彩的户外游戏和体育活动，培养幼儿参加体育活动的兴趣和习惯，增强体质，提高对环境的适应能力。

（6）用幼儿感兴趣的方式发展基本动作，提高动作的协调性、灵活性。

（7）在体育活动中，培养幼儿坚强、勇敢、不怕困难的意志品质和主动、乐观、合作的生活态度。

（三）指导要点

（1）幼儿园必须把保护幼儿的生命和促进幼儿的健康放在工作的首位。树立正确的健康观念，在重视幼儿身体健康的同时，要高度重视幼儿的心理健康。

（2）健康教育活动既要高度重视和满足幼儿受保护、受照顾的需要，又要尊重和满足他们不断增长的独立要求，避免过度保护和包办代替，鼓励并指导幼儿自理、自立的尝试。

（3）健康教育活动要充分尊重幼儿生长发育的规律，严禁以任何名义进行有损幼儿健康的比赛、表演或训练等。

（4）培养幼儿对体育活动的兴趣是幼儿园体育的重要目标，要根据幼儿的特点组织生动有趣、形式多样的体育活动，吸引幼儿主动参与。

【本章小结】

◆ "不同结构化程度的教育活动连续体"既表明了在不同类型活动中儿童发起活动的比重，也说明了幼儿园课程和教育教学活动设计与实施的一般原理。

◆ 制订健康教育活动目标要以《幼儿园教育指导纲要（试行）》中健康领域的目标为指导，同时必须遵循幼儿身心发展的特点及认识规律。

◆ 制订健康教育活动目标需要遵循价值统一性原则、整合性原则、发展性原则、明确性原则、差异性原则、适宜性原则。

◆ 幼儿园必须把幼儿的生命和促进幼儿的健康教育放在首位。

◆ 学前儿童的身心发育是量变到质变的过程，具有阶段性和顺序性、不均衡性、统一性与协调性、个体差异性。生理与心理发育紧密联系。

◆《3～6岁儿童学习与发展指南》中，将健康教育目标的达成分为3个领域：身心状态、动作发展、生活习惯与能力。

◆ 学前儿童健康教育是一个集宏观、中观、微观三种教育气场融会贯通的、动态立体的教育活动，需要依赖幼儿园、家庭、社会三方协同，形成教育合力。

【本章练习】

一、思考题

1. 怎样理解"不同结构化程度的教育活动连续体"？

2. 举例解读制订健康教育活动目标的原则。

二、实操题

1. 分析一些健康教育活动的目标，加深对制定目标原则的理解。

2. 小组间练习制订健康教育活动目标，组员间互相评析。

第三章

学前儿童安全教育

【本章学习目标】

◆ 掌握学前儿童安全教育的内容；

◆ 了解引发学前儿童安全问题的原因及预防。

学前期是幼儿对世界不断探索的时期，但是由于受自身发育水平所限，他们对周围环境安全的觉知能力、对危险的判断能力都非常缺乏，任何安全隐患都有可能导致无可挽回的后果。因此，对学前儿童的安全教育就显得极为重要。由于安全教育实践的局限性，教师或家长不可能事事让幼儿参与体验，因此，要高度重视安全教育的有效实施，把安全教育放在健康教育的首位。

【引导案例】

安全的弦时刻不能放松

珍珠，多么美丽的事物！可是，我永远不会忘记那颗珍珠给我们带来的惊吓！

那天，我正准备骑车回家时，一阵急促的电话铃声响起，一看号码是我同班的彭老师。她的声音很紧张，我心一紧，赶忙问出了什么事。"哎呀，是丫丫的鼻子里进了异物……"

我一听，吓了一跳，三步并作两步，急切地跑回了教室。只见丫丫的鼻子里有一颗晶亮的珠子，孩子已经吓得哭了起来。我一边稳定孩子的情绪，一边很快地回忆着意外事故正确的处理方法。我们首先让孩子站起来，不要仰头，张开嘴，提醒她别吸气，鼻子使劲往外呼气。彭老师慢慢地按压她的鼻子，我们期望那个珠子能快点出来。这招还真管用，不大一会儿，那颗珠子就出来了。大家都长舒了一口气，一看，是颗莹润饱满的珍珠！我问丫丫珍珠的来历，原先是她昨天和奶奶在院子里散步时捡到的。

针对这一突发事件，我们特意对小朋友们进行了一次安全教育：告诉小朋友们不要往耳朵、鼻子、嘴里乱塞小东西，如小珠子、大豆、花生、扣子等，还告诉小朋友不要乱捡地上的东西，以免发生严重后果。家长会上，我们再次强调了安全教育的重要性。

这件事也警醒我们所有教师：一定要重视晨检环节，重视孩子随身物品的排查。

安全不保，何谈教育，安全的弦时刻不能松。

资料来源：中化二建集团公司幼儿园

第一节 学前儿童安全教育的内容

幼儿身体的各个器官、系统尚处于不断发育的过程中，其机体组织比较柔嫩，发育远未完善，机体易受损伤，易感染各种疾病。同时，幼儿的认知水平较低，缺乏自我保护意识，不知道哪些事能做，哪些事不能做，且他们又活泼好动，因此，极易发生意外伤害事故。所以，对幼儿进行初步的安全知识教育和安全自救技能培养极为重要。

一、学前儿童安全教育的总体内容

1. 交通安全教育

统计数据显示，我国每年有超过 1.85 万名 0～14 岁儿童死于交通安全事故，死亡率是欧美的 2.5 倍以上。因此，交通安全教育显得尤为重要，交通安全教育主要包括以下几个方面：①了解基本的交通规则，如"红灯停、绿灯行"；行人走人行道，上街走路靠右行；不要马路上踢球、玩滑板车、奔跑、做游戏；不横穿马路，不在马路上停留和玩耍等。②认识交通标记，如红绿灯、人行横道线等，并且知道这些交通标记的意义和作用。③从小养成交通安全意识，养成遵守交通规则的良好习惯。

2. 消防安全教育

火患重在预防。对幼儿进行消防安全教育，主要包括：①懂得玩火的危险性。②掌握简单的自救技能。例如，一旦发生火灾要马上逃离火灾现场，并及时告诉附近的成人。当发生火灾，自己被烟雾包围时，要用防烟口罩或干、湿毛巾捂住口鼻，并立即趴在地上，在烟雾下面匍匐前进。③有条件的幼儿园应该组织幼儿参观消防队，看消防队员的演习，请消防队员介绍火灾的形成原因、消防车的作用、灭火器的使用方法及使用时应注意的事项等。幼儿园可以进行有组织的火灾疏散演习，事先确定各班安全疏散的路线，让幼儿熟悉幼儿园的各个通道，以便在发生火灾时，能在老师的指挥下统一行动，安全疏散，迅速离开火灾现场。

3. 食品卫生安全教育

幼儿爱吃零食，也喜欢将各种东西放入口中，因而容易引发食物中毒。幼儿园除了要把好食品采购、储藏、烹饪等方面的卫生关外，还必须对幼儿进行食品卫生安全教育：①不吃腐烂的、有异味的食物。②不捡食和饮用不明物质。③养成良好的饮食习惯。例如，在进食热汤或喝开水前必须先吹一吹，以免烫伤；吃鱼时，要把鱼刺挑干净，以免鱼刺卡在喉咙里；进食时不嬉笑打闹，以免食物进入气管等。另外，目前幼儿服用的药大多外观漂亮，口感好，深受幼儿喜欢，有的幼儿甚至把药品当零食吃，因此，要教育幼儿不能随便吃药，一旦要服药，一定要按医生的吩咐在成人的指导下服用。

4. 防触电、防溺水教育

触电是日常生活中比较常见的意外伤害。对幼儿进行防触电教育，教师首先要告诉幼儿，电器、电源的构造，什么地方能动，什么地方不能动，家人不在时不要动电器、电线，更不能随便玩电器。同时不拉电线，不用剪刀剪电线，不用小刀刻划电线，不将铁丝等插到电源插座里等。其次，教师要告诉幼儿，一旦发生触电事故，不能用手去拉触电的小伙伴，而应及时切断电源，或者用干燥的竹竿等不导电的东西挑开电线。

溺水在少年儿童意外死亡中所占比例最大的。对幼儿进行防溺水教育，一是要告诉幼儿不能私自到河边玩耍；二是不能将脸闷入水中；三是不能私自到河里游泳；四是当同伴失足落水时，要及时就近叫成人来抢救。

5. 玩具安全教育

爱玩游戏是幼儿的天性，玩具是幼儿的最爱。幼儿在幼儿园的一日生活与活动中，几乎有一半时间是在和玩具打交道。因此，对幼儿进行玩具安全教育十分重要。幼儿玩不同的玩具，应有不同的安全要求。如玩大型玩具滑梯时，要教育幼儿不拥挤，前面的幼儿还没滑到底及离开时，后面的幼儿不能往下滑；不能拿玩具和同伴打闹，更不能抓、咬、打同伴；不能从太高的地方往下跳更不能从运动中的玩具上往下跳，在运动或游戏时应听老师的安排，遵守纪律，有序活动，避免互相追打、乱跑碰撞；玩秋千架时，要注意坐稳，双手拉紧两边的秋千绳；玩跷跷板时，除了要坐稳，还要双手抓紧扶手；玩中型玩具游戏棍时，不得用棍去击打小伙伴的身体，特别是头部；玩小型玩具（如玻璃球）时，不能将它放入口、耳、鼻中，以免造成伤害等。需要注意的安全事项非常之多，教师要随时跟进，避免意外发生。

6. 生活安全教育

生活安全教育必须家园配合同步进行。为了幼儿的安全，成人要教育幼儿不随身携带锐利的器具，如小剪刀等。在运动和游戏时要有秩序，不拥挤推撞；在没有成人看护时，不能从高处往下跳或从低处往上蹦。不爬墙、爬窗台；不从楼梯扶手往下滑。推门时要推门框，不推玻璃，手不能放在门缝里。乘车时不在车上来回走动，手和头不伸出窗外。上下楼梯要靠右边走，不推挤。不轻信陌生人的话，未经允许不跟陌生人走，更不要让陌生人碰自己的身体。告诉幼儿，只有家长、医生、护士才能触摸自己的身体，如果陌生人要这么做，一定要尽快逃开。在家中，要告诉幼儿，当他独自在家，有陌生人叫门时，不随便开门；不随意开启家中电器，特别是电熨斗、电取暖器等；不玩弄电线与插座；幼儿在家不要自己动手反锁门，不玩煤气、打火机、开水壶、饮水机、药品等危险物品；不独自玩烟花爆竹；不逗黄蜂、毛毛虫、狗等动物。

幼儿到野外旅行或散步时不得随便采摘花果、抓捕昆虫，更不应该将其放入口内，以防意外。幼儿到公共场所参加游览，外出散步或户外活动时，要远离变压器、建筑工地等危险的地方，打雷闪电时不站在大树底下。幼儿要知道自己的姓名、园名、家长姓名及电话等重要信息，会表达清楚，紧急情况知道如何保护自己。

7. 自然灾害自救教育

幼儿园要反复练习自然灾害自救教育，家长也应反复向幼儿重申。地震、洪水、泥石流、台风、海啸、雷电、浓雾、冰雹等自然灾害都有可能发生，幼儿应该有相关的自救意识。地震时就近躲避，震后迅速撤离到安全地方，是应急避震较好的办法。避震应选择室内结实、能掩护身体的物体，藏身于易于形成三角空间的地方，或开间小且有支撑的地方，以及室处开阔、安全的地方。洪水到来时，要就近迅速向山坡、高地、楼房、避洪台等地转移，或者立即爬上屋顶、楼房高层、大树、高墙等高的地方暂避。在雷雨天，人应尽量留在室内，不要外出，关闭门窗，尽量不要靠近门窗、炉子、暖气炉等金属的部位，也不要赤脚站在泥地或水泥地上，脚下最好垫有不导电的物品，坐在木椅子上。在外不要在孤立的大树、高塔、电线杆下避雨。冰雹来时尽量不要外出，不得已要出门时，应注意保护头、面部。孩子要知道报警电话、火警电话、急救电话等紧急呼叫号码。

对幼儿进行安全教育，必须根据幼儿的身心发展水平和特点来进行。在教育方法上，不要简单地禁止幼儿的某项行为，应该告诉孩子相关行为的利害关系和后果，采取示范与讲解相结合，以游戏的方式，从正面引导，随时进行教育。虽然孩子的安全教育形式多种多样，但不管采取哪种形式，都必须将安全教育渗透在孩子一日生活的各个环节，家园有效配合。只有这样，才能真正让孩子树立起安全意识，达到安全教育的目的。

二、不同年龄阶段安全教育的具体内容

1. 幼儿园小班安全教育主要内容

（1）知道保护五官的方法，如不要挖鼻子、不要把东西塞到嘴巴、耳朵里等。

（2）不随便要陌生人的东西和乱吃陌生人的东西。

（3）不随便跟陌生人走，不要让陌生人触摸自己的身体。

（4）上下楼梯不推挤，靠右边一个跟着一个上下，不滑扶手。

（5）知道自己的姓名及父母的姓名、电话。

（6）不做爬窗、跳楼梯、玩门、从高处往下跳等危险的动作。

（7）不要玩插座、电器。

（8）不要随身携带玩具、刀、牙签等锐利的器具来园，更不应把它放在口腔、鼻子、耳朵中，以防伤害。

（9）不拿玩具和同伴打闹，更不能抓、咬、打同伴。

（10）在运动、游戏、游乐场玩时应听从老师的安排，遵守纪律，有序活动，避免互相追打、

乱跑碰撞。

（11）外出活动听从大人或者老师的安排，不随便离开集体。

（12）远离变压器、建筑工地等危险的地方。

（13）懂得玩火、玩电、玩水的危害，不玩火、玩电、玩煤气以防止意外事故。

（14）别拿电话当玩具玩，不要乱拨电话。

（15）自己受到伤害时要及时告诉大人。

（16）不到马路上玩耍，走路靠右边，没成人带领时不自己过马路。

（17）不要随便逗猫、兔、狗等小动物，以免发生意外。

（18）不要在电梯上玩耍。

（19）不喝生水，不吃腐烂、变质、有异味的东西。

（20）不玩开水、药品，不乱吃药。

2．幼儿园中班安全教育主要内容

（1）要记住自己的姓名、家庭住址、父母的全名及工作单位，知道在遇到危险时，怎样拨打紧急呼救电话。

（2）不要用湿手去摸电器的开关、插头，更不可将手指、别针、回形针等放进插座，以免触电。

（3）在家中不要攀爬登高，更不要在阳台、窗边及楼梯口嬉戏，避免发生坠楼和滚下楼梯的事情。

（4）不可玩清洁用品或杀虫剂，捉迷藏时不要躲在柜子、箱子里。

（5）大人不在家时，不要独自进浴室玩水，更不要在浴室里推、拉、打、跳，随意开启热水龙头。

（6）不要用塑料袋或棉被蒙头，不要用绳子绕在脖子上，也不可把花生、纽扣、弹珠等小东西放进鼻孔或嘴里，以免不小心吸入气管。

（7）不可开启煤气开关，更不能用手去摸明火；一旦发生火灾如何自救，如何迅速逃离或等待大人施救。

（8）吃任何东西前，一定要先征得大人同意，地上或桌上的东西不可随便捡来吃。还要注意吃东西时不要边吃边跑，否则食物易吸到气管里。

（9）学会爱惜玩具和同小朋友分享玩具，以免因抢夺玩具受伤或受到破损玩具的伤害。

（10）了解消防栓、灭火器的用途，知道幼儿园的安全通道出口；养成到公共场所注意观察消防标志和疏散方向的习惯。

（11）知道报警电话：110、120、119，懂得如何打电话报警。

（12）下午放学后要拉着大人走，不能自己到处跑，不能停留在幼儿园玩耍，以防意外。

（13）不随意轻信生人的话，未经允许不跟陌生人走，更不要让陌生人碰自己的身体。

（14）在家不自己动手反锁门，不玩煤气、炉火、火机、开水壶、饮水机、药品等危险物品。

（15）没成人带领时不能自己独自过马路，过马路时，应遵守交通规则，走人行道，不在马路上停留和玩耍，上街走路靠右边走。

（16）单独在家时，听到敲门声不要随意开门，以防窃贼或绑架者等闯入。

（17）到野外旅行或散步时不得随便采摘花果、抓捕昆虫，更不应该放入口内，以防意外。

（18）初步了解雷电的危害，下雨天和有闪电时不到大树和屋檐下避雨。

（19）发生火灾或者煤气泄漏，知道简单的处理和逃生方法。

（20）知道发生灾害时要镇静，不慌忙，听从大人指挥。

（21）初步知道台风、暴雨、地震的危害和简单的自我保护方法。

3. 幼儿园大班安全教育主要内容

（1）不要随身携带玩具及锐利的器具来园，更不应把它放在口、鼻、耳中，以防伤害。

（2）不能拿玩具和同伴打闹，更不能抓、咬、打同伴。

（3）上下楼梯靠右边走，不从楼梯扶手往下滑，不做爬窗、扒窗、跳楼梯、玩门、从高处往下跳等危险的动作。

（4）到公共场所参加游览，外出散步或户外活动时，要远离变压器、建筑工地等危险的地方，听老师（或者大人）的话，不得随便离开集体，有事应告诉老师。

（5）在运动或游戏时应听从老师的安排，遵守纪律，有序活动，避免互相追打、乱跑碰撞。

（6）了解安全常识，懂得玩火、玩电、玩水的危害，以防止意外事故。

（7）了解消防栓、灭火器的用途，知道幼儿园的安全通道出口；养成到公共场所注意观察消防标志和疏散方向的习惯；知道各种报警电话，懂得如何报警。

（8）放学后，要牵着大人走，不能自己到处跑，不能停留在幼儿园玩耍，以防意外。

（9）知道自己的姓名、园名、家长姓名、单位、家庭住址、电话，会表达清楚，发生紧急情况时知道如何保护自己。

（10）不随意轻信生人的话，未经允许不跟陌生人走，更不要让陌生人碰自己的身体，告诉孩子，只有家长、医生、护士才能触摸他的身体，如果陌生人要这么做，一定要尽快逃开。

（11）在家不自己动手反锁门，不玩煤气、炉火、火机、开水壶、饮水机、药品等危险物品。

（12）预防中毒，中毒包括的范围非常广，有煤气、食物、化学品、药品、消毒剂、杀虫剂等多种中毒事件。

（13）单独在家时，不随意开门，听到敲门声不要开门，可说"我父母不在家，请你以后再来"，以防窃贼趁大人不在时闯入盗窃。

（14）到野外旅行或散步时不得随便采摘花果、抓捕昆虫，更不应该放入口内，以防意外。

（15）遵守交通规则，乘车的安全知识，知道一些安全标记，不在马路上停留和玩耍，要在便道上走，过马路要走人行横道。乘车时坐稳，不把手、头伸出窗外，不乱动车上的按钮。

（16）防止玩火，不能玩厨房的火柴和打火机等一类易燃引火物，懂得玩火的危害性。

（17）不要动暖瓶、开水、饮水机，以防烫伤。

（18）不要玩水，不要扭动自来水开关，在湖、河边上玩耍，要在安全地带，决不要乱跑乱蹦，以免失足误入水中，也不要在下水道井盖丢失的道路上走。

（19）不要玩电，不能去触摸和玩耍正在运转的电风扇等电器产品，不能摸电插座。不用湿手触摸电源开关，在没有学会操作前不能随便按动电器上的旋钮及各种键。有的家电只有大人才能操作，不能随便乱动。

（20）注意节约用电，要随手关灯，没人时不开灯，电视看完要及时关掉。学会在雷电天气时保护自己。

（21）不要随便拿刀、剪子或其他尖锐的器物当作玩具。正确使用刀、剪子等用具。

（22）运动注意规则，按顺序进行，避免碰撞和做危险性游戏，懂得登高的危险，不可从高处随便跳下。勇敢和逞能是两回事，不拿力所不及的东西。

（23）知道哪里是安全的地方，哪里是不安全的地方，例如，不在加油站、建筑工地等地方玩耍。了解在公共场合走失后的方案（和大人在预定地点、时间集合，找警察、工作人员，借电话等）。

（24）不要把铅笔、筷子、冰棍、玻璃瓶或尖锐的东西拿在手里或含在嘴里到处跑，因为这样容易扎伤自己或别人。

（25）不要把塑料袋当作面具往头上套，以免引起窒息而死亡。

（26）知道紧急呼叫电话的用途和正确使用方法。

第二节　学前儿童安全问题的引发原因及预防

一、引发学前儿童安全问题的主要原因

1. 学前儿童自身的特点

学前儿童的骨骼、肌肉、关节尚未发育成熟，若参加超负荷运动，易发生运动伤害；若持续长时间运动，会因身心疲惫、精神恍惚而发生意外伤害。学前儿童心理发展也远未成熟，具有好动、好奇、理解力和判断力差、缺乏生活经验、危险意识薄弱、自我保护能力相对较差等特点，因此容易遭受意外伤害。如幼儿喜欢攀爬，而阳台、门窗、楼梯往往因缺少保护装置而导致幼儿从高空跌落；玩水、游泳给幼儿带来乐趣的同时，也潜藏着风险。又如，幼儿常常以触摸或嘴尝的方式认识世界，因此气管异物、鼻腔异物、眼内异物、夹伤、触电和烫伤也成为学前儿童意外伤害的主要类型。

气质类型、情绪和性别也是导致幼儿发生意外伤害的因素。研究发现，意外伤害比较容易发生在粗心、好动的幼儿身上；幼儿在情绪不顺时会做出一些鲁莽、自我伤害的动作，从而发生意外；另外，男孩比女孩更容易发生意外事故，因为男孩更好动，其游戏类型以身体接触为主。

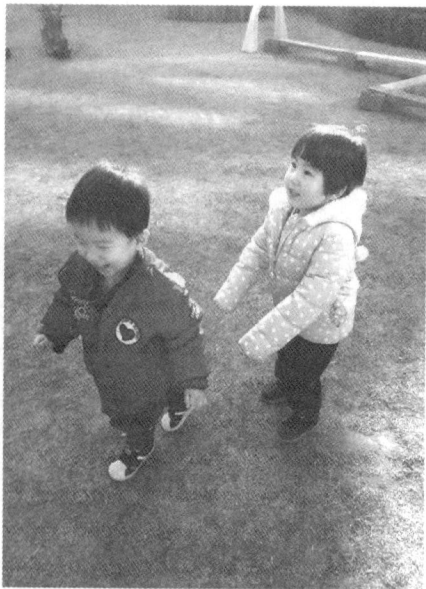

2. 保育者人数不足或安全意识缺乏

在保育者人数不足、师生距离比较远的情况下，意外事故发生频率会提高。保育者缺乏安全意识，或缺乏对危险事物的警觉性和应变能力等，都是一种安全隐患。研究表明，10：00—14：30是托幼机构意外伤害发生的高峰期，原因是教师在组织幼儿活动后思想由紧张状态进入放松状态，对幼儿的安全监护有所松懈，而这时幼儿正从兴奋期转入疲劳期，体力和自控能力明显下降。

3. 客观环境中的潜在危险

客观环境中的一些因素常会导致在园幼儿意外事故的发生。如室内用房过分拥挤，活动场地狭小，地面不平整，家具、玩具的边角锐利，玩具颗粒过于细小，

游戏设备器具陈旧、老化,操作工具不适合幼儿等。

4. 规章制度不健全

一方面,目前托幼机构大多制订了门卫制度、饮食卫生制度等安全规章制度,但尚不完善。事实上,托幼机构的安全规章制度不仅应包括意外伤害发生前的预防制度,还应包括意外伤害发生后的处理制度(急救措施及处理备案,如安排专门人员、建立紧急联络的电话号码簿、安排运送路线、配备急救物品等)。另一方面,安全规章制度的执行缺乏力度。例如,幼儿园普遍都有严格的门卫制度,但是在执行时往往比较随意,这是导致近年来几次重大恶性在园意外伤害事故发生的主要原因。类似问题也存在于接送制度,现在很多幼儿园要求家长凭卡接送孩子,但事实上接送卡并没有起到太大的作用,很多教师和家长都认为只要相互认识就没必要用卡。

二、幼儿园意外事故的预防

1. 托幼机构内部

(1)消除客观环境中的不安全因素。

首先,园舍的设计是否合乎安全标准。如每个班级是否有独立的盥洗室,楼梯所能容纳的最多人数是多少,楼梯的数量和宽度是否合适。运动场地的大小、平坦性是否适宜,大型户外活动器材周围是否设有软地面或保护软垫等。

其次,是否重视活动室内的安全问题。例如,活动区域内的人数是否过多;物品的摆放是否合理,幼儿是否需要到其他活动区域拿取剪刀等危险物品;地板和地砖表面是否过硬或过滑等。

托幼机构还应准备灭火器、沙包、水桶等消防设备,并通过演习使幼儿具备在保教人员的带领下镇静地应付意外事件的能力。

此外,托幼机构应定期进行安全检查。可请专职人员负责检查项目,包括防火设备、道路安全、车的保养与维修,以及特殊活动场所(图书室、音乐教室、升旗台、操场上所有游戏器材、游泳池、仓库、厨房、厕所等),做到“随时发现,随时修复”。

(2)制订、执行安全计划和规则。

制订和执行相应的安全计划,既能满足幼儿的好奇心和探索精神,又能保证活动的安全性。保育者在制订计划时,应思考活动方式是否适合幼儿,活动过程中可能发生哪些危险,需要什么特殊的预防和保护措施。此时,适当参阅过去的意外事故记录、玩教具的安全使用说明,能够帮助保育者更加全面合理地制订活动计划。保育者还可在活动前与幼儿讨论玩法及可能发生的危险,进而制订一套具有可操作性的安全规则。

在建立规则时,保育者通常应考虑以下因素:幼儿年龄、幼儿总数、器材和设备、场地、监督幼儿的成人人数、活动类型。一般来说，幼儿年龄越小，制订的规则应该越细致；活动越激烈或难度越大，制订的规则应越严格。不过，也要避免因规则过细而约束幼儿对环境的探索。当幼儿渐渐了解危险而建立起自我保护意识时，规则就可以适当减少。

在叙述规则时，保育者应当使用幼儿易于理解的语言，并且简单清楚地正面叙述遵守规则的理由，这样幼儿会更理解也更愿意遵守规则。

在活动过程中，保育者必须严格监督幼儿执行规则的情况。保育者可以用鼓励（而不是威胁）的方法引导幼儿遵守规则。当幼儿偶尔不遵从规则时，保育者应该适时提示；如果提示无效，则可使用暂时隔离法，让幼儿意识到自己的行为是不被接受的；而一旦幼儿对自己的行为做出适当改善，保育者就应请他回到原来的活动中。

（3）加强保育者安全知识技能的培训。

对于保育者而言，加强安全知识技能的培训是十分必要的：一是培养保育者的安全意识，以及工作责任心，时时处处做有心人，及时发现和处理各种不安全因素；二是要求保育者了解幼儿园安全管理的各项规章制度，严格按照规章制度办事，不随心所欲做事；三是要求保育者掌握基本的安全操作规范，掌握发生意外事故时的现场处理办法，做到遇事不乱，应对有方。

（4）加强学前儿童安全教育。

安全教育的重点在于使幼儿在日常生活中注重安全知识的学习，学会保护自己，避免受伤害。因此，保育者要用最简单的概念，结合具体的安全措施来教育幼儿如何防范意外事件的发生，并教授他们一些应对意外的方法。教师或家长在教育幼儿时信息应清晰明确，如直接告诉幼儿哪些地方是可以去的，哪些地方是有危险的；无论如何不跟陌生人走，不吃陌生人给的食物；外出时不擅自离开成人等。

2. 托幼机构外部

要减少幼儿在幼儿园意外伤害事故的发生，不仅需要托幼机构的自我完善，更需要社会的通力合作。

常用安全标识

不仅幼儿家长，就连许多幼儿园工作人员也认为若幼儿在幼儿园发生伤害事件，幼儿园理应负赔偿责任。正是这种将幼儿园作为无限责任人的观点，使保育者在工作中如履薄冰，导致产生种种"过度保护"现象，而这种消极保护的结果使幼儿缺乏应有的生活体验，反而提升了意外伤害的发生率。

2003年教育部颁布了《学生伤害事故处理办法》（以下简称《办法》），首次明确了"幼儿园不承担监护责任，只承担保护责任"的观点，实行过错责任原则。同时，明确了幼儿园法律责任承担的原则是：幼儿园有过错应适当赔偿，没有过错就不予赔偿；如果是幼儿的过错致他人受到损害，由其父母或其他监护人承担赔偿责任。

目前这些法律还需进一步宣传、普及和执行。例如，幼儿园可以通过与家长签订协议的方

式来宣传、普及和实施。在签约前，幼儿园、家长要深入学习《办法》，提高法律意识；增强幼儿园、家长的责任感，更好地防患于未然。

【实践项目】

实践项目一：不跟陌生人走（小班）

一、活动目标

（1）幼儿知道在没有亲人在时，不接受陌生人的东西，不跟陌生人走。

（2）幼儿提高自我保护的意识和能力。

二、活动准备

课件、图片。

三、活动过程

通过情景体验，教师引导幼儿不接受陌生人的东西，不跟陌生人走。

1. **开始部分**

教师与幼儿随着音乐一起游戏，教师借故离开，引出情景体验。

教师："孩子们，你们想看动画片吗？李老师忘记带光盘了，你们等一会儿，我去拿。"

2. **基本部分**

（1）初次情景体验，引发幼儿思考。

① 情景体验：教师借故离开教室，让一位厨房阿姨扮演陌生人出场。

陌生人："我是李老师的朋友，我带你们出去玩。我这里有好多好吃的和玩具，你们想不想走？想要好吃的和好玩的小朋友排队跟我走吧。"

② 教师在外观察幼儿，当幼儿即将离开教室与陌生人走时，马上出现。陌生人随即离开。

教师："孩子们，你们要去哪里？和谁去呀？你们认识那个阿姨吗？阿姨跟你们说了什么？"（帮助幼儿理解什么是"陌生人"。）

③ 通过提问，教师引导幼儿说说为什么不能跟陌生人走。

（2）幼儿通过观看两段课件视频和做游戏，建构经验。

① 观看第一段视频。

教师提问："电视中的大姐姐遇到陌生人给好吃的、好玩的玩具时是怎么做的？"

教师引导幼儿一起学一学大姐姐说的话和做的动作，帮助幼儿梳理不接受陌生人的东西、不跟陌生人走的方法。

② 游戏：教师扮演陌生人给幼儿们玩具和糖，看看幼儿们是怎样做的。

③ 观看第二段视频

教师提问："电视中的小姐姐和小哥哥遇到陌生人给糖，谁做得对？"

教师进一步帮助幼儿提升不跟陌生人走、不吃陌生人给的东西的意识。

（3）再次体验情景，提升经验。

① 情景体验，教师再次借故离开教室，陌生人出场。教师在外观察幼儿的反应。

② 教师适时出现，给予提醒、指导。

③ 活动结束，感受安全。

教师："小朋友真棒呀，你们知道了不接受陌生人的东西、不跟陌生人走是最安全的。现在李老师带你们一起去外面玩吧。"

在音乐的伴奏下，教师带孩子们排队出去玩。

四、活动评析

《3～6岁儿童学习与发展指南》中指出："幼儿应具备基本的安全知识和自我保护能力。3—4岁小班幼儿不吃陌生人给的东西，不跟陌生人走。"依据该指南的精神及小班幼儿的特点，本次教学活动为幼儿创设了一个模拟情境，引导幼儿主动建构经验，去体验，去思考，灵动生成有效的教学活动。在活动中，幼儿积累了经验，提高了安全意识和自我保护能力，真正体现了安全教育的意义。

小班幼儿年龄小，对父母依赖性强，缺少生活经验，自我保护意识和能力弱，辨别是非的能力不强，遇到陌生人的诱惑，比较容易跟着走。因此，围绕"不跟陌生人走"这一主题开展了此次教学活动。通过情景表演，亲身体验，幼儿习得"不吃陌生人给的东西，不跟陌生人走"的方法和经验，使幼儿具备基本的安全知识和自我保护能力。

实践项目二：走丢了怎么办（中班）

一、活动目标

（1）幼儿能运用已有的经验帮助走丢的朋友想出最适合的办法。

（2）幼儿能大胆地表述自己的想法，培养关心他人的情感。

二、重点和难点

重点：帮助走失的幼儿想出寻求帮助的最适合的办法。

难点：培养幼儿关心他人的情感。

三、活动过程

1. 感知经验

教师："我们班有 3 个小朋友走丢了，迷路了，让我们一起去帮助她们。"

播放马路走丢的情景（十字路口）。

教师提问："×× 小朋友在哪？他怎么了？接下来怎么办呢？我们一起帮助他。"

指导：

（1）教师引导幼儿帮助朋友，激发关心他人的情感。

（2）教师鼓励幼儿大胆清楚地表达自己的观点。

小结：在马路的人行道上原地等是最安全的方法，还可以请警察叔叔帮忙。

2. 讲述经验

播放小区走丢的情景。

小结：可以在原地等，也可以找小区里的门卫伯伯，让他们打电话给爸爸、妈妈或家里人，让大人来接你。

3. 提升经验

播放超市走丢的情景（大卖场）。

教师请走失幼儿讲讲当时的情景，请其他幼儿发表看法。想想可行的办法。

小结：在超市里可以原地等也可以找营业员和工作人员，通过广播小喇叭让爸爸妈妈知道你在那里，然后来接你。（继续看录像，看 ×× 小朋友是怎样做的）

4. 延伸

走丢了以后，爸爸妈妈会很着急，我们都不想把自己弄丢，那么我们平时和家里人一起出去的时候要注意些什么呢？（幼儿自由讲述）

四、活动评析

生活中幼儿走丢的意外随时可能发生，不得不防。本次活动通过模拟马路、小区、超市这 3 处幼儿容易走丢的场景，引导幼儿想办法，并通过"帮助走丢小朋友"这一情境培养幼儿关心他人的情感，增强幼儿的安全意识。

实践项目三：安全愉快过暑假（中班）

一、活动目标

（1）幼儿了解暑假中应注意的安全和卫生，增强自我保护意识。

（2）幼儿具有向往过暑假的情感，能愉快、合理地过暑假。

（3）培养幼儿的表达能力和对事物的判断能力。

二、活动准备

《暑假安全知识调查表》若干份；《暑假俱乐部》手册若干本（摘取手工制作、数学操作、智力开发等书本装订而成）；安全图片每人一套；蜡笔每人一盒。

三、活动过程

1. 教师激发幼儿过暑假的兴趣

（1）教师："小朋友们，再过几天我们幼儿园就要放假了，这个假期叫作暑假。知道为什么吗？"启发幼儿动脑筋想问题。

（2）幼儿七嘴八舌地表达了自己不同的见解和想法。

（3）教师总结暑假的含义："这个假期是在一年中最热的时间放的，我们叫它暑假，暑就是热的意思。"

2. 教师组织幼儿讨论怎样安全、愉快、合理地过暑假

（1）教师引导幼儿："暑假里你们想做些什么事情呢？"

（2）幼儿互相说出自己想做的或是喜欢做的事情，由此培养幼儿的表达能力、想象力。

（3）那么在暑假里，有哪些事情是不可以做的呢？教师引导幼儿说出有关安全知识的内容，同时也锻炼幼儿的判断能力。

（4）教师出示各个家长填写的《暑假安全知识调查表》，挑选几个家长所写的暑假安全知识，提问幼儿："可以这样做吗？不可以做这些事情吗？"运用家长的话语来帮助提高幼儿的兴趣，让幼儿更加认真、投入地参与活动。

3. 教师总结暑假里要注意的安全事项

（1）回老家的小朋友不能一个人或和小伙伴到河里去游泳。

（2）不能玩火、玩电、玩尖锐的物体。

（3）夏天的太阳比较毒辣，不能到太阳底下长时间地玩，要保护自己的皮肤。

（4）吃冷饮时，不能一下子吃得太多，否则，会引起肚子痛，影响身体健康。

（5）吃西瓜时，要把瓜洗干净，请爸爸妈妈切好西瓜，吃的时候不讲话，以免瓜子呛人，还要防止西瓜汁流到衣服上，另外，不可乱扔西瓜皮。

（6）独自在家时不要让陌生人进来，不要告诉陌生人只有你一个人在家。

（7）外出与家人走散时，要懂得打电话110报警，不要跟陌生人走等。

4. 教师请幼儿看安全图片

教师给每个幼儿发一套安全图片，请幼儿在操作正确的图片上打上对号，操作错误的图片打上错号。

四、延伸活动

教师发给每个幼儿一本《暑假俱乐部》手册，要求家长在假期中合理安排幼儿的一日活动，安排幼儿做手册中的作业，并带领幼儿去游泳、旅游等，丰富孩子的生活内容。

五、活动评析

幼儿都兴致勃勃地期待着暑假的到来，在谈论暑假做哪些事情时，幼儿们都表现得兴高采烈。但若安全意识薄弱的话就很可能发生悲剧。通过讨论和交流，幼儿的安全意识增强了很多，能明显区分出哪些事情可做，哪些事情不可做。鉴于幼儿年龄特点，教师一定要加强做好家长的工作，要求家长在暑假期间做好监护工作。

【本章小结】

◆ 学前儿童安全教育的内容涵盖甚广，主要包括交通安全教育、消防安全教育、食品卫生安全教育、防触电防溺水教育、玩具安全教育、生活安全教育、自然灾害安全教育。

◆ 幼儿园意外事故的预防需要幼儿园的内部、外部齐抓共管。

【本章练习】

一、思考题

1. 学前儿童教育包括哪些内容？

2. 引发学前儿童安全问题的主要原因有哪些？如何预防呢？

二、实操题

设计一次有关安全教育的健康教育活动，在班上进行试讲。

第四章

学前儿童身体自护与生活自理教育

【本章学习目标】

◆ 了解学前儿童身体自护的内容和注意事项；

◆ 明确学前儿童生活自理的项目、教育原则和注意事项；

◆ 掌握教育学前儿童身体自护、训练其生活自理的技巧和方法；

能够按照学前儿童身体自护和生活自理教育的原则实施教育活动。

学前儿童身体自护和生活自理教育，是培养学前儿童科学地认识、养护和锻炼身体，以及生活卫生、进餐、着装、睡眠、盥洗等方面基本能力的教育。身体自护和生活自理是人类生存能力的重要内容，是学前儿童生存和健康发展的重要基础。

【引导案例】

喝水不会烫到嘴

一天，东东来幼儿园时，老师发现他嘴上起了一个水泡。老师询问后了解到，东东自己在喝水的时候，因为拿起杯子来就喝，水太烫，烫起了一个泡。老师很关心地问东东："烫得疼不疼？吃饭的时候疼吗？"许多小朋友都很关心这件事情，随即老师引导幼儿说一说怎样喝水才不会烫到嘴巴。孩子们立刻回应："先吹一吹冷了再喝。""可以用手试试烫不烫，不烫再喝！"在喝水的活动中，老师及时引导幼儿用手摸水杯的温度，如果水烫，吹一吹以后再喝水；同时，在幼儿的进餐活动中喝汤的时候，老师也有意识地引导幼儿先试试汤的温度再喝。这种让幼儿运用感官亲身体验的方法，让幼儿从活动中获得了对自己的行为后果预知的能力。

第一节 学前儿童身体自护和生活自理教育概述

幼儿由于身心各方面的发展，初步产生了参加社会生活的愿望。同时，由于幼儿独立生活能力的增长，成人也对幼儿提出了比以前更高的要求，开始要求幼儿独立地担负某些简单的职责，如自己穿衣、吃饭、收拾玩具、当值日生等，并开始要求幼儿从事一些力所能及的社会生活活动。但是，幼儿的能力有限，缺乏知识经验，还不能很好地掌握自己的行动，不能有效地保护自己的身体，使自己的行为有效地为目标服务。

《纲要》明确规定："幼儿园必须把保护幼儿的生命和促进幼儿的健康放在工作的首位，幼儿的身体健康以具备基本的生活自理能力为主要特征。"这就需要学前教育工作者及家长在该阶段的幼儿教育中培养幼儿的身体自护和生活自理能力。学前教育中开展幼儿身体自护和自理能力的教育不仅是教育的需要，更是幼儿发展的需要，是幼儿健康成长的必要保证。

一、学前儿童身体自护和生活自理教育的目标与内容

身体自护和生活自理，简单地说就是保护自我、服务自我、照顾自我。它是一个人应该具备的最基本的生活技能。幼儿身体自护和生活自理能力的形成，有助于培养幼儿的责任感、自信心及处理问题的能力，对幼儿今后的生活将会产生深远的影响。

发展心理学的研究指出，能力与习惯培养的关键期在学前教育阶段。由此可见，针对幼儿的年龄特点与健康自护、生活自理现状，有的放矢地对幼儿进行相关教育，是提高幼儿身体自护和生活自理能力的有效措施。

1. 学前儿童身体自护和生活自理教育的目标

学前儿童身体自护和生活自理教育的目的在于提高幼儿的健康知识水平，改善幼儿对待个人健康和公共卫生的态度，培养幼儿科学地认识、使用、养护和锻炼身体器官及生活卫生、进餐、着装、睡眠、盥洗等方面基本的个人健康行为和习惯。

幼儿的各方面都处于快速发展的阶段，并且不同年龄阶段有着各自不同的认知、行为发展特点，幼儿身体自护和生活自理教育应分阶段确定相应的培养和发展目标。

幼儿良好的生活与卫生习惯目标、基本的生活自理能力目标，分别如表 4-1 和表 4-2 所示。

表4-1　幼儿的生活与卫生习惯目标

3～4岁	4～5岁	5～6岁
1. 在提醒下，按时睡觉和起床，并能坚持午睡	1. 每天按时睡觉和起床，并能坚持午睡	1. 养成每天按时睡觉和起床的习惯
2. 喜欢参加体育活动	2. 喜欢参加体育活动	2. 能主动参加体育活动
3. 在引导下，不偏食、挑食，喜欢吃瓜果、蔬菜等新鲜食品	3. 不偏食、不挑食，不暴饮暴食，喜欢吃瓜果、蔬菜等新鲜食品	3. 吃东西时细嚼慢咽
4. 愿意饮用白开水，不贪喝饮料	4. 常喝白开水，不贪喝饮料	4. 主动饮用白开水，不贪喝饮料
5. 不用脏手揉眼睛，连续看电视等不超过15分钟	5. 知道保护眼睛，不在光线过强或过暗的地方看书，连续看电视等不超过20分钟	5. 主动保护眼睛，不在光线过强或过暗的地方看书，连续看电视等不超过30分钟
6. 在提醒下，每天早晚刷牙，饭前和便后洗手	6. 每天早晚刷牙，饭前和便后洗手，方法基本正确	6. 每天早晚主动刷牙，饭前和便后主动洗手，方法正确

表4-2　幼儿基本的生活自理能力

3～4岁	4～5岁	5～6岁
1. 能在帮助下穿脱衣服或鞋袜	1. 能自己穿脱衣服、鞋袜，扣纽扣	1. 能知道根据冷热增减衣服
2. 能将玩具和图书放回原处	2. 能整理自己的物品	2. 会自己系鞋带
3. 在提醒下，饭前、便后能洗手	3. 饭前、便后能洗手，方法正确	3. 能按类别整理好自己的物品

身体自护和生活自理能力的发展与幼儿的健康、认知、个性的发展有密切的关系：一个具有身体自护和生活自理能力的幼儿才能拥有健康的体魄；在学习和掌握身体自护和生活自理能力的知识时，幼儿的认知能力随之发展；生活习惯是幼儿个性的重要组成部分，身体自护和自理能力对幼儿个性的形成有重要的意义。所以，在学前教育中开展的幼儿身体自护和生活自理能力教育不仅是传授知识，更应培养幼儿的综合素质。

2. 学前儿童身体自护和生活自理教育的内容

学前儿童身体自护和生活自理教育涉及的内容主要有生活卫生、清洁卫生、环境卫生、器官保健卫生及安全常识等。

（1）生活卫生。幼儿的发展具有较强的可塑性，同时也较易受周围环境的影响。教育者要在该阶段为幼儿创造良好的成长环境，有意识地引导幼儿形成良好的生活卫生习惯，保证其建立科学有规律的生活秩序，形成健康观念。

① 进餐。教师要引导幼儿了解基本的食物和营养知识。明白日常的饮食是为了获取营养，形成关注营养、关注健康的意识。喜欢吃各类食物，不挑食、不偏食，不吃过多的甜食，不乱吃零食，少吃辛辣食品；能主动饮水，不用饮料代替水，不喝不卫生的水（生水或不洁净的水）；有良好的饮食习惯，定时定量，细嚼慢咽，不暴饮暴食，剧烈运动后不立即吃饭；掌握基本的进餐技能，能正确使用勺子或筷子，学会清洗和存放餐具的方法；注意卫生和进餐礼仪，如进餐前洗手，进餐后漱口，不捡掉在桌子上或地上的东西吃，懂得节约粮食，不浪费；使用自己的餐具进餐，咀嚼、喝汤时尽量不发出声音，夹菜时不东挑西拣，进餐时不狼吞虎咽，喝水时一口一口地喝；懂得谦让，不独占喜欢吃的食物；进餐时不说笑打闹，不看电视、书本等，保证食物的充分咀嚼，以利于食物的消化和吸收。

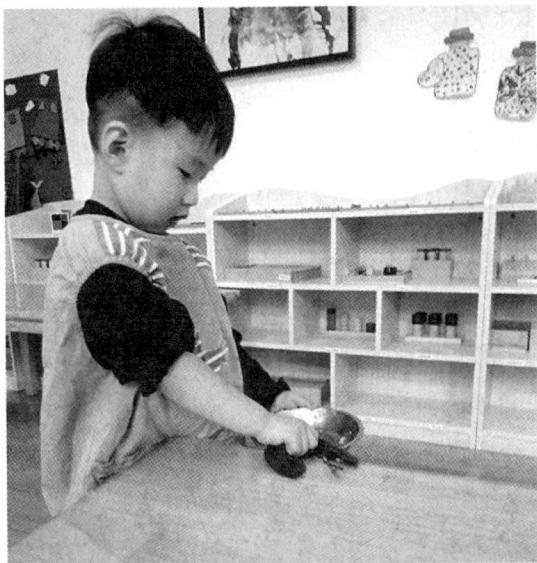

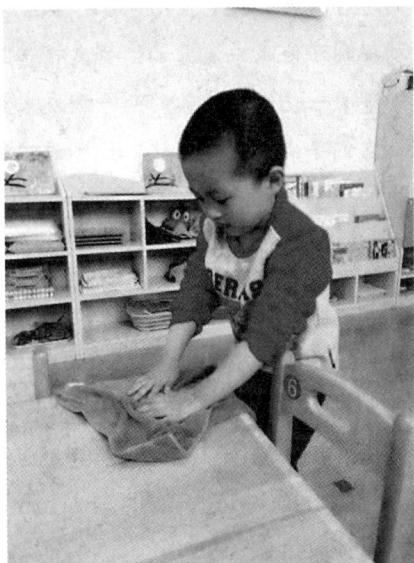

【案例】

餐桌上的快乐

闹闹是个内向的小男孩，到吃饭时，餐桌上的任何一种物件都会"吸引"他，旁人的一些举动也会被他尽收眼底，可他偏偏对饭菜不感兴趣。无论教师在一旁如何劝说，甚至"利诱"，都达不到所想要的结果。偶然的一次"汽车"主题活动，教师请小朋友将自己所拥有的"爱车"带来幼儿园，并尽可能让幼儿相互交流、探讨。用餐和盥洗完毕的幼儿一个个来到阳台上捧着心爱的小汽车开心地玩着，可闹闹只能嘴里含着饭眼巴巴地望着伙伴们嬉戏的身影。似乎又是一个好的教育契机了，教师轻轻地走到他身边，悄悄地问道："宝贝，你现在也想和他们一起玩是吗？"闹闹看了老师一眼很用力地点点头，随即眼光又瞟向了窗外。"我有一个好办法，可以让你和他们一起玩。"教师微笑着说。虽然闹闹的目光仍停留在窗外伙伴手中的小汽车上，但教师刚才的那句话似乎使他受到了某种触动，教师接着说："再请个朋友来和我一起帮你吧，这样你就可以更快地和小朋友一起去玩车了。这两个朋友都在你的嘴巴里，一个是牙齿，另一个是你的喉咙哦。"老师趁势喂了他一口饭："先请牙齿帮帮忙，把这些饭菜都磨碎。"闹闹的嘴巴竟然开始跟着动了起来。"磨碎以后，再请你另一个朋友喉咙帮一下忙，把饭菜都咽下去。"闹闹又一次照做了，效果似乎还不错。"太棒了，你的两个朋友真厉害，我请小朋友和你的小汽车去说一下，让它等着你，你马上就陪它玩对吗？"这下闹闹马上点了点头。教师和经过身边的一个小朋友耳语了一番又说道："我请小朋友帮你去和小汽车说了，你要继续加油哦。"接着，闹闹在教师的帮助下逐渐顺利地吃完了他的那份饭菜，虽然在他盥洗后已经到了活动快要结束的时间了，但两位教师沟通后，决定再延长几分钟。虽然这短短的几分钟并没有使闹闹十分满足，但教师还是捕捉到了他眼中流露的愉悦之情。"小汽车好玩吗？"教师问。闹闹点了点头。"那好，等下次一吃饭就请你的两个朋友来帮你，这样你就能比今天有更多的时间玩小汽车了。让它们早点来好吗？""好。"这次闹闹的回答很干脆，教师也更直接地感受到了他的快乐。

② 睡眠。足够的睡眠是幼儿生长发育和健康成长的先决条件之一。在睡眠过程中，氧和能量的消耗最少，有利于消除疲劳；内分泌系统释放的生长激素比平时增加3倍，有利于生长发育和大脑成熟。充足的睡眠还有利于机体调节脂肪储存和葡萄糖代谢的激素分泌。幼儿有了足够的睡眠，才能精力充沛、食欲良好、身心健康。科学研究表明，3～6岁的幼儿一天需要10～12小时的睡眠。睡眠规律与否也会影响幼儿的身心发展。相关研究人员认为，睡眠时间不规律将干扰人体的正常循环并引起睡眠不足，而睡眠不足则有可能影响幼儿大脑发育及控制自身某些行为的能力。

良好的睡眠习惯可以保证幼儿的睡眠质量，幼儿要养成规律的作息时间，早睡早起，每天保证充足的睡眠。睡眠姿势要正确，不趴着睡，不蒙头睡，不枕手睡，不将头部垫得过高或过低，睡眠时保证心脏不受压迫。睡前不打闹，不吃得过饱或喝过多的水，不玩玩具，独立安静入睡。

③ 着装。衣服是幼儿的第二层皮肤，是幼儿身体的保护伞，幼儿的衣着应舒适、宽松，方便穿脱。

幼儿应掌握独立系扣子、拉拉链、系鞋带，穿脱上衣、裤子和鞋子的能力，并掌握基本叠放衣物的技能，能根据天气变化增减衣物。注意着装卫生，衣服脏了要及时换洗。

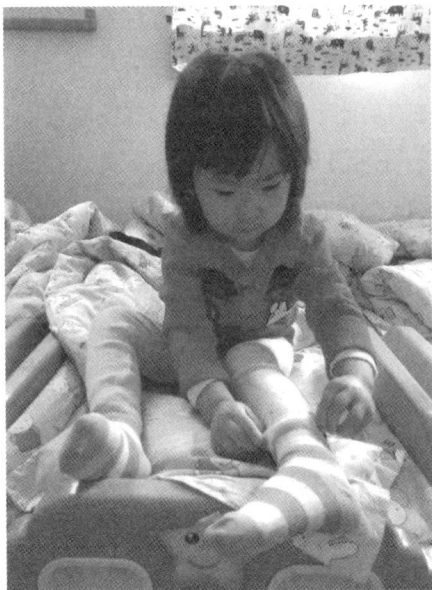

④ 如厕。幼儿的泌尿系统、消化系统、神经系统的发育等影响其排便控制能力。幼儿要会根据需要大小便。教师要帮助幼儿养成定时大便的习惯，教会他们正确大小便的方法，以及注意便后卫生。

（2）清洁卫生。幼儿应保持个人卫生，养成天天盥洗的习惯。幼儿应养成以下清洁卫生习惯：每天早晨起床后和晚上入睡前漱口、刷牙、洗脸；吃食物前、外出回家后要洗手；晚上睡觉前要洗脚、洗屁股；夏季天天洗澡、换衣裤，其他季节应定期洗澡，勤换内衣裤。幼儿应有自己专用的各类盥洗用品，并会保持盥洗用品的清洁卫生；学会正确刷牙、洗脸的方法，勤剪指甲，勤洗头。

（3）环境卫生。幼儿应具有保持自己生活、学习、游戏空间干净整洁的意识；学会东西放在固定的地方，摆放整齐；不乱丢果皮纸屑，不随意乱涂乱画，不随地大小便，不随地吐痰，树立维护环境卫生的意识。

（4）器官保健卫生。器官保健卫生是指幼儿在保护自身器官方面养成的习惯，主要内容有：认识和了解自己身体的主要器官及功能，建立保护这些身体器官的意识，掌握保护这些器官的方法，培养关注健康的意识和习惯。

① 眼睛保健。了解眼睛的基本结构和功能；学会做眼保健操，初步养成做眼保健操的习惯；养成良好的阅读和书写习惯，不躺着看书，走路时不看书，在行进的车上不看书，书写时保持与桌面30厘米的距离；不近距离看电视，持续用眼不超过1小时；注意眼部卫生，不用脏手揉眼睛，异物入眼不揉搓；不挑食，补充眼睛发育所需的营养物质，如胡萝卜、动物肝脏等；定期检查视力。

② 耳朵保健。了解耳朵的结构及功能；保持耳朵清洁卫生，定期清洗耳郭，在成人帮助

下清除耳垢；不将硬物塞进耳朵，洗澡、洗头、游泳时避免让耳朵进水；注意用耳卫生，不戴耳机大声听音乐或故事，看电视时不将音量调得过高，遇到噪声用手捂住耳朵。

③ 口腔保健。了解口腔内部的结构及各部分的功能；了解龋齿的形成及危害；注意保持口腔清洁，学会正确刷牙的技能，养成早晚刷牙的好习惯；不吃过多的糖或喝过多的饮料；不吮吸手指，不咬衣襟，不习惯性托腮，不吃过冷或过烫的食物；不将不能吃的东西放入口中；了解有益口腔健康的食物，如豆制品、花生、牛奶、鸡蛋、坚果类等；掌握换牙时的卫生保健；定期检查牙齿。

【故事】

小熊拔牙

森林里住着一只小熊和他的妈妈。小熊长得胖乎乎的，身上的毛又黑又亮，很好看。

一天早晨，熊妈妈对小熊说："妈妈有事出门去，你乖乖地在家里玩。记住洗个脸，别忘了刷牙。还有……不许自己拿饼干……不许自己拿……"小熊不等妈妈说完，就嚷嚷起来："好啦，好啦，都知道啦！"小熊一边说，一边用脑袋把妈妈往门口顶。妈妈笑着摸了一下他的头，出门去了。

小熊平时就爱吃甜食，因为妈妈管得严，不能多吃，这回妈妈走了，小熊乐得又蹦又跳："妈妈不在家，这下我可以大吃了。"他打开柜子，拿出了一盒饼干，一把一把地往嘴里塞；刚吃完饼干，他又抓起一把糖球吃了起来；吃完了糖球还觉得没吃够，他就东找找西看看，终于在柜子下面找到了一罐蜂蜜和一瓶果酱。小熊咧开嘴笑了。他舀了一勺蜂蜜送到嘴里："啊！真甜！"他又舀了一勺果酱送到嘴里："啊！真香！"他越吃越爱吃，便端起蜂蜜大口大口地喝，把一罐蜂蜜全喝到肚子里去了。到了晚上睡觉前，他又吃了几块巧克力，没有刷牙，就上床睡觉了。

夜深了，小熊睡得可香了。突然他痛得从梦中醒来："哎呀呀，牙齿好疼啊！哎哟！哎哟！"正巧，兔大夫出门看病，路过小熊家，听见小熊哇哇叫，急忙进门来问："小熊，小熊，你怎么啦？先别直着嗓子叫，快把嘴巴张开来，让我瞧一瞧。"小熊忍着疼痛，张开大嘴巴。兔大夫仔细瞧了瞧他的牙齿，说："哦，这一颗要补一补，这一颗嘛，要拔掉。"

兔大夫叫小熊坐好，别害怕。他给小熊打了麻药针，又拿起一把又长又大的钳子，钳住了小熊的蛀牙，使劲儿拔。可是牙齿一动也不动，疼得小熊哇哇直叫。兔大夫急忙叫小狗来帮忙，他俩一起拔，还是拔不动，疼得小熊眼泪都掉下来了。兔大夫又叫小猫来帮忙，拔呀拔，大家一用力，差一点栽了个跟头。哎呀！蛀牙断掉了，还有半截留在里面，疼得小熊双脚乱跳。兔大夫急得满头大汗，忙叫："小松鼠，快来帮忙呀！"兔大夫、小狗、小猫、小松鼠，一起拔。一二，一二，哎哟，哎哟，哎哟！扑通！大家一起摔倒在地上——半截蛀牙总算拔出来了！

兔大夫问小熊："现在还疼吗？"小熊笑嘻嘻地说："不疼了，一点也不疼啦！"兔大夫又说："好，给你涂上一点药，以后可要好好保护牙齿。要不，一颗一颗都要坏掉，一颗一颗都要这样来拔掉。"小熊问："为什么光我牙齿疼，你们牙齿都不疼？"小狗："汪汪汪，我从来不多吃甜饼干。每天早晚都刷牙呢！"小猫："喵喵喵，我从来不偷蜂蜜吃，还把牙齿都刷得干干净净。"小松鼠："吱吱吱，我也不偷果酱吃！"兔大夫笑着说："对啦，如果总吃甜食，又不刷牙，牙齿就要坏掉的。"小熊听了直点头："那我以后不挑食，每天早晚把牙齿刷一遍！"大家说："说到一定要做到，不然把牙齿全拔掉！"

以后，小熊再也不贪吃甜食，也不讨厌刷牙啦，每天早晚都认认真真地刷牙，一排牙齿雪白雪白的，再也不疼啦！

故事来源：柯岩. 童话诗剧 [M]. 上海：少年儿童出版社，1976.

④ 声带保健。了解声带所处的部位及功能；掌握正确的发声技巧；不大声尖叫，在嘈杂的地方不高声说话；不长时间用嗓，适当饮水保持嗓子湿润；避免食用对嗓子有刺激性的食物；上呼吸道感染或感冒时，尽量少用嗓子，注意休息。

⑤ 鼻子保健。了解鼻子的结构和功能；掌握正确擤鼻的技巧，不抠鼻，不往鼻子里塞异物；远离影响鼻腔健康的场所，如环境污染或噪声污染严重的地方，不闻刺激性气味；补充对鼻子有好处的营养物质，如青椒、油菜等；感冒流鼻涕时不应过度揉搓或擤鼻涕，防止鼻黏膜受损，如有不适应及时就医。

⑥ 皮肤保健。掌握皮肤的基本保健知识；掌握清洁皮肤的技能，不用指甲抠、挠皮肤；爱护皮肤，做锻炼皮肤的游戏；不用妈妈的化妆品；注意保持裸露皮肤的清洁卫生。

（5）其他安全常识。幼儿由于知识经验有限，自我保护和生活自理能力也十分有限，教育者在教育中对幼儿安全常识的教育应涉及生活的各个方面。

① 危险的阳台。不要蹬踏阳台上的凳子、花盆、纸箱等不稳固的物体；不要在阳台上打闹、追逐或进行玩气球、放风筝等能增加危险性的游戏；不要伸手去拿阳台外面的东西，以免身体失控摔下楼，发生意外；站在阳台上向远处眺望，或与楼下的小伙伴打招呼时，身体不要过多地探出阳台，以免失去平衡跌下楼，造成伤亡；不要从阳台上往楼下丢东西，这样不仅会破坏大楼周围的环境卫生，还可能砸伤楼下的行人。

② 危险的浴室。洗澡时一定要有大人在身边，如果爸爸妈妈不在家，千万不能一个人到浴室洗澡，更不能把浴室门反锁起来，以免发生意外；如果家里有浴缸，在进入前，应先试试水温。另外，调节水温是大人的事，千万不要自己动手调节，以免被烫伤。水温一般以接近体温（37℃）为宜；进入浴缸后一定要小心，因为儿童的身体还太小，有时滑入水中，又找不到合适的地方抓住，很容易被水淹到或呛到；浴室的地面溅到水后，会非常滑，所以不要在浴室里蹦跳、玩耍，以免摔倒受伤；在浴室中洗澡的时间不宜过长，否则很容易头晕，更不要把浴

室当成游乐场，在里面长时间玩耍。

③ 小心"咬人"的机器。当电风扇开动时，绝对不可以将手指伸进防护网内，飞速旋转的叶片会将手指削伤；使用电动卷笔刀削铅笔时，千万不要伸手去摸锋利的刀片，以免割伤手指；洗衣机在洗衣服时，千万不要把手伸进洗衣桶内，手可能会和衣物绞在一起；其他像热水器、电熨斗等，在它们工作时都不能随便触碰，以免烫伤自己。另外，乘坐电动车或自行车时，如果坐在车后座，两只脚一定不要离车圈太近，脚可能会被卷进车轮，受到伤害；如果坐在车前，注意千万不要把手放在车闸附近，防止大人捏闸时被伤到。

④ 乘坐电梯的安全。乘坐滚动扶梯时，一定要认准起步台阶，踏上去后要站稳并扶住扶手；不要用手去摸或倚靠在固定不动的护板上，以免被滚动的扶梯拉倒；也不能使劲压住电梯的扶手，不让它移动；不要在滚动扶梯上来回地跑，也不要同小伙伴们在扶梯上玩耍、攀爬或打闹，因为一旦跌倒，会从电梯上滚下来，使自己受到伤害；千万不要在滚动扶梯上逆行；乘坐垂直电梯时，不要将手放在电梯门旁，防止电梯门关闭时挤伤手指；不要随便去按垂直电梯旁边的按钮，一旦按错，可能给自己或他人带来不必要的麻烦。

另外，不在马路上或车辆和行人多的地方追逐打闹、玩游戏；外出不到处乱跑，防止迷路等，都是学前儿童身体自护和生活自理教育的内容。（这部分内容与安全教育内容有一定交叉）

【案例】

跑着进园的多多

中班幼儿多多早上来幼儿园的时候总是快乐地跑进来，教师每次都是喊着他："宝宝别跑，老师说过上楼梯的时候跑有多危险，会摔伤的。"多多听到劝诫后才停止奔跑。

中班幼儿虽然已有了初步的规则意识，但是毕竟自控能力比较差，不能较好地遵守规则，还会存在很多安全隐患。为此，教师就要勤字当头，善于观察幼儿的举动，当发现幼儿不能按要求来完成时，可以反复地讲解，直至幼儿能遵守相应的规则为止。

二、学前儿童身体自护和生活自理教育的途径与方法

学前儿童身体自护和生活自理教育是健康教育的组成部分。教师充分利用各种有效的途径，采用多种方法，有目的、有计划、有组织地开展教育活动，才能取得良好的效果。

1. 学前儿童身体自护和生活自理教育的途径

学前儿童身体自护和生活自理教育的内容是具体的，因而实施教育的途径也是多方面的，可以通过较正式的教育活动进行，但更多的是借助灵活的、分散的日常生活来进行。

（1）教学活动。教师可以在教学活动的过程中，将有关身体自护和生活自理能力教育的内

容适时、适宜地纳入其中。幼儿则可以在学习、体验和完成课程学习的过程中，获得有关身体自护和生活自理能力方面的教育。

（2）游戏活动。教师可以根据教育内容的需要，以文学、艺术作品和游戏为载体，利用情境表演、角色扮演、听故事、念儿歌等活动形式，对幼儿进行身体自护和生活自理能力方面的教育。这样能在愉悦的氛围中，变讲道理、说教为幼儿喜欢的游戏，引导幼儿从中获得知识，知道是什么、为什么、怎么做。

（3）日常活动。幼儿身体自护和生活自理能力是在日常生活中培养，并通过日常生活表现出来的。所以，日常生活中的各个环节都是教师可用的资源，如来园、盥洗、用餐、如厕、睡眠等，将身体自护和生活自理能力方面的教育融入其中，既轻松自然，又易见成效。

（4）家园互动。在大教育的环境下，家园共育是行之有效的途径。依靠和利用家庭资源、家长的力量，可以巩固、练习幼儿园正在培养的某些行为，也可以对幼儿园教育做有益补充。比如，"勤洗澡""勤剪指甲""早晚刷牙"等都需要家庭教育的配合。

（5）开展安全讲座。幼儿园和家庭是幼儿的主要生活、学习场所，但是幼儿也有离开幼儿园、家庭的时候，当他们一个人走在马路上，一个人在公园玩耍时，就是考验儿童的身体自护和生活自理能力的时候。所以，为了帮助幼儿能及早地接触社会，逐渐锻炼社会生存能力，自觉抵制一些不良因素的影响，幼儿园可以邀请警察给幼儿进行相关的讲座。如，"在公园里遇到陌生叔叔阿姨给你食物你会怎么做？""为什么不可以在马路上追逐、打闹？""过马路时怎样注意交通安全？"等等，将幼儿日常生活中可能遇到的问题通过讲授的方式告诉幼儿，也是促进幼儿身体自护和生活自理能力提高的有效途径之一。

此外，重视幼儿群体的自教育作用，发挥"以大带小"的潜在教育优势，也是很好的幼儿生活习惯教育的途径。

2. 学前儿童身体自护和生活自理教育的方法

针对学前儿童的身心发展特点，对学前儿童开展身体自护和生活自理教育可采用以下方法。

（1）示范讲解法。示范讲解法是指教育者有目的地以示范技能作为刺激，以引起幼儿相应的行动，使他们通过模仿，有成效地掌握身体自护和生活自理方面必要的技能。示范教学是幼儿教学的一种基本方法。如教师在教幼儿学习穿裤子时，从认识裤子的前后、里外开始，裤腰上有标签的在后面，有漂亮图案的在前面；教儿童把裤子前面朝上放在床上，然后把一条腿伸到一条裤管里，把小脚露出来，再把另一条腿伸到另一条裤管里，把另一只小脚露出来，然后站起来，把裤子拉上去就可以了。

"以大带小"案例

（2）随机教育法。随机教育法是在自然情境中，由幼儿的主动行为开始，教育者通过情境设计或问题引导，促使幼儿自觉开展相关学习的方法。幼儿的日常生活中蕴藏着丰富的教育契

机，教育者要善于观察、捕捉并适当运用，使幼儿的身体自护和生活自理能力在无意识行为中得到锻炼，逐渐内化为幼儿的品质。

（3）环境教育法。环境包括物质环境和精神环境两种，而恰当地利用两种环境都能对幼儿起到教育作用。例如，通过为幼儿准备丰富的操作工具、一日生活必备用品、必要的设施设备等，让幼儿在操作和利用这些材料的过程中掌握相应的身体自护和生活自理技能，这是物质环境的教育作用；通过创设轻松和谐的氛围，激发幼儿产生兴趣和学习的意愿，帮助他们了解身体自护和生活自理能力的重要性，掌握相关的行为方式，这是精神环境的教育作用。

（4）表扬激励法。鼓励、表扬是幼儿园教师经常使用的教育手段。教师希望通过鼓励、表扬来强化幼儿的正确行为，提高幼儿的学习兴趣，达到激发幼儿的潜能和培养幼儿自信心的目的。具体有以下做法。

① 口头表扬鼓励。教师通过肯定的语气来确认和激励幼儿良好的行为表现。例如，"你做得真棒""再试试看，你会成功的"等。

② 眼神、表情及动作上的表演和鼓励。教师在鼓励和表扬幼儿时，恰到好处地运用表情的鼓励（如热情的微笑、点头、主动打招呼）、手势性鼓励（如伸出大拇指、鼓掌）及身体接触性的鼓励（如摸摸小脸蛋、擦擦泪、抱一抱）等；帮孩子梳头、整理衣服、擦去鼻涕等，可使幼儿真正感受和强烈体验到自己被教师所喜爱，从而深深地感染幼儿，产生积极的教育效果。

③ 物质表扬与鼓励。由于幼儿的动机大多是外在动机，他们在学习过程中动力的来源是对行为所带来的物质结果的期待，所以教师在学前儿童身体自护和生活自理能力教育中适当地采用物质奖励，如一朵小红花、一块小橡皮、一件亲手做的手工艺品等，都能更有效地激发幼儿学习的兴趣和热情，对行为的巩固也能起到强化的作用。

除此之外，还可以采用文字表扬、委以重任等方式对有良好行为表现或进步较快的幼儿进行鼓励，使幼儿得到尊重与信任方面的满足。

在鼓励和表扬时，教师应注意几个问题：一要实事求是。既不滥用鼓励和表扬，又不吝啬鼓励和表扬，更不能错误地把幼儿的特点当缺点；夸奖要适度，对幼儿的良好表现，要根据不同情况给予恰如其分的鼓励，不能不分大小事情，都做过度的夸奖。不切实际的过度夸奖，反而容易造成幼儿的虚荣心，效果适得其反。二要全面对待。在鼓励和表扬教育中，并不排斥批评。教师既要充分发掘幼儿的"闪光点"，也要根据实际适时适度地指出其"美中不足"，帮助幼儿学会明辨是非，分清荣辱。鼓励和表扬与批评的侧重点不能倒置，鼓励和表扬要讲究方法，批评应考虑艺术。这样，才能使幼儿及时得到鼓励，又能使其知道自己行为的缺点，更有利于培养其良好的行为习惯。

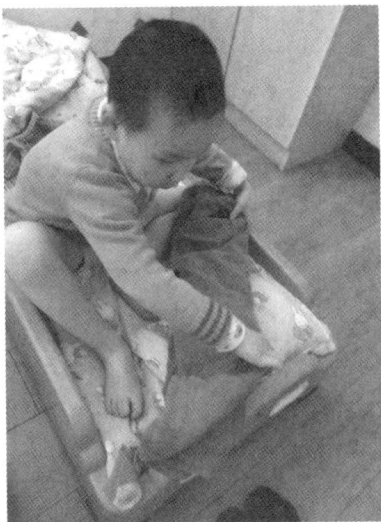

【案例】

不哭多漂亮

刚入园的幼儿总是哭闹不止。有一次，全班小朋友都安静下来了，只有琪琪还在不停地哭。老师走过去轻轻地擦掉她脸上的泪水，微笑着对她说："哭多难看呀，你看你不哭多漂亮。老师这里有一块小手帕，它想和不哭的孩子交朋友。老师相信你是一个乖孩子，你看小手帕正对着你笑呢。"这个孩子听完老师的话，竟咧开小嘴笑了。老师亲切地抚摸着她的脸对全班小朋友说："你们看，这个小朋友真乖，笑得真好看。我们一起为她鼓鼓掌，鼓励鼓励她。"然后老师亲切地抱起她，亲了亲她的小脸蛋。事后，琪琪的家长对老师说："老师，今天我的孩子主动要上幼儿园，她说老师喜欢她，说她乖，她再也不哭了。"

资料来源：太原市韬圆幼儿园

（5）作品感染法。文学作品，如故事、儿歌、话剧表演等深受幼儿喜爱，这些作品中的人物及故事情节往往能深深吸引幼儿，并使他们争相模仿。在学前儿童身体自护和生活自理能力教育中，通过文学作品潜移默化地影响幼儿，是现代教育中常用的方法。

（6）分步学习法。由于学前儿童发展的特点，他们对于较复杂的学习内容不容易接受，教师可以将其分解成若干部分，然后按先后顺序分步骤地传授给幼儿，如眼保健操的学习过程。

（7）活动比赛法。有些内容的学习，可以结合幼儿的个人兴趣，组织个人或分小组进行相关的技能比赛，也可以与走、跑、跳、爬、钻等活动结合起来，增加身体自护和生活自理能力教育的趣味性，有利于幼儿的学习和掌握。

第二节　学前儿童身体自护和生活自理教育的实施

幼儿身体自护和生活自理能力的培养是幼儿园工作的重要内容。在不断提倡素质教育的今天，提高幼儿的身体自护和生活自理能力非常重要。"人生百年立于幼学"这一科学论断已经被越来越多的家长所认可。陈鹤琴先生十分重视幼儿习惯的培养，认为"习惯养得好，终身受其福，习惯养得不好，终身受其罪"。培养幼儿良好的生活卫生习惯，以及身体自护和生活自理能力，能为其一生的健康奠定基础。

一、学前儿童一日生活中的身体自护和生活自理教育

学前儿童身体自护和生活自理能力教育应贯穿于一日生活中，与幼儿园一日生活有机结合，使幼儿的知识获得、习惯养成与技能培养一气呵成。以下列举幼儿园一日活动中，各活动对幼儿的要求。

1．晨间活动

（1）幼儿衣着整洁，愉快入园，有礼貌地和老师、小朋友打招呼。

（2）幼儿有礼貌地和家长告别。

（3）幼儿学会告诉老师自己的身体有无不舒服的感觉。

（4）幼儿积极投入晨间活动。

早操前 10 分钟，幼儿要收拾整理玩具、材料，做好参加早操活动的准备。

（1）如厕：一般情况下，要求幼儿大小便自理，在出现异常情况时及时报告老师。对个别自理有困难的幼儿，保教人员应加以协助。

（2）便后卫生：幼儿便后用流水洗手，教师教幼儿学会用正确的方法洗手。

（3）整理服装：幼儿在早操前相互检查服装及鞋带，冬天脱去大衣，不戴围巾、手套。

2．升国旗或做早操（25 ～ 30 分钟）

（1）幼儿依次进入活动场地。

（2）幼儿尊敬国旗，升旗时立正，注视国旗，行注目礼。

（3）幼儿听从指挥做操。精神饱满、情绪愉快，注意力集中，姿势正确、动作整齐，努力达到锻炼的目的。

（4）幼儿用轻器械进行操作后放回原处，注意爱护器械。

3．教育活动

教育活动的时间安排一般为：小班 10 ～ 15 分钟，中班 20 ～ 25 分钟，大班 25 ～ 30 分钟。

（1）活动前，幼儿逐渐转入安静状态。

（2）在教师的指导启发下，幼儿逐渐养成动脑、动手和手脑并用的习惯；大班幼儿逐渐形

成在日常生活和游戏中能够运用已获得的简单知识与技能的能力；大班幼儿能对自己完成的作品进行自我评价。

（3）在活动过程中，幼儿积极思考，踊跃发言或提问；不干扰别人，不和其他小朋友发生争执，不影响活动秩序。

4. 自由活动

幼儿愉快地参加自己喜爱的游戏活动、体育活动或其他活动。幼儿在教师视线范围内自由活动，注意安全。

5. 喝水

（1）幼儿用自己的水杯喝水，喝水时不说笑。

（2）幼儿不浪费开水，水杯用后放回原处。

6. 盥洗

（1）幼儿盥洗时不拥挤。

六步洗手法

（2）幼儿学习掌握洗手、洗脸的顺序和方法。

① 洗手。洗手前先卷好袖口，小班幼儿由教师帮助，中班幼儿互相帮助，大班幼儿学会独立操作；再把手淋湿，搓上肥皂；按手背、手指、手腕顺序洗手；再冲洗肥皂沫，抖掉水珠，用自己的毛巾擦干手，挂好毛巾，放下衣袖。

② 洗脸。洗完手后洗脸，先按照眼睛、额头、整个脸庞、嘴、鼻的顺序清洗，然后搓洗毛巾，再洗耳朵和脖颈；搓洗毛巾再按顺序洗一次，把毛巾洗干净挂好。春、秋、冬季幼儿脸上可擦护肤霜。

（3）幼儿自觉遵守盥洗规则、方法，动作迅速、认真；不玩水，不浸湿衣服和弄湿地板。

（4）小班幼儿由教师帮助，逐步学会洗手、洗脸，中、大班幼儿应独立洗手、洗脸，尤其

大班幼儿应迅速正确地洗干净手、脸。

7. 进餐

（1）幼儿愉快、安静地进餐，逐步掌握独立进餐的技能。

（2）幼儿进餐时不大声讲话，不随便说笑打闹。

（3）幼儿正确使用餐具：一手拿勺子（中、大班幼儿使用筷子），一手扶住碗，喝汤时两手端着碗。

（4）幼儿搭配着吃干的点心与稀饭，不吃汤泡饭。

（5）幼儿逐渐养成文明进餐的习惯。

① 幼儿进餐时要细嚼慢咽，不慌不忙，不出声音（如"吧唧"声）。

② 幼儿不挑食，不用手抓食物，不剩饭菜，不弄脏桌面、地面和衣服，不东张西望；骨头、残渣放在指定的地方，不将自己不吃的饭菜放至别人碗里。

③ 幼儿咽下最后一口饭再站起来，轻放椅子，离开饭桌，送回餐具。

④ 幼儿饭后漱口、擦嘴、洗手。

8. 午睡（夏季 2.5 小时，春、秋、冬季 2 小时）

（1）幼儿餐后散步、如厕，保持安静情绪，不高声讲话或嬉笑喧闹，脚步放轻，进入寝室。

（2）中、大班幼儿自己摆好枕头，拉开被（毯）子，按顺序脱去外衣裤：先解开上衣扣子，再解开鞋带，脱鞋、袜子、裤子，最后脱上衣，并折叠整齐放在固定地方，鞋放在床下；小班幼儿由老师帮助。

（3）幼儿不带玩具上床，迅速盖好被（毯）子，不东张西望，闭上眼睛，安静入睡。

（4）早醒幼儿可进行安静活动，不出声响，不影响别人。

9. 起床（30 分钟）

（1）幼儿按时起床，掀开被子，按顺序穿衣服。穿衣顺序：上衣—裤子—袜子—鞋。

① 幼儿穿上衣：先将上衣披肩上，捏好衬衣袖口，再伸进衣袖翻好衣领，拉衣襟，再扣衣扣。从小班起就开始学习先从最上一颗纽扣扣起。

② 幼儿穿裤子：先将裤子前片朝上放好，然后两脚分别伸进不同裤筒，裤腰往上提，把衬衣放入裤腰内，拉伸弄平整，系好裤带。

③ 幼儿穿袜子：袜底放平，袜尖向前，两手将袜筒捏到袜后跟，再往脚上穿；先穿脚尖，蹬上脚跟，拉上袜筒。小班幼儿在老师帮助下，逐步学习。

④ 幼儿穿鞋：先分清左右鞋，穿好、系好活扣鞋带。小班幼儿由老师帮助系好。

（2）学习整理床铺。

幼儿叠被时先将两边往中间折，再从两头折起来，放置在床的固定一头，枕头放在被子上面，铺好，把床单拉平整。小、中班幼儿由老师帮助，先做些辅助工作，大班幼儿要独立做好。

10. 离园

幼儿愉快地离园回家，带好回家用品，有礼貌地同老师、小朋友告别。

另外，在晨间活动中，教师要按晨检常规规定项目进行晨间检查，一般要求：对幼儿的脸色、皮肤、眼神、咽喉、精神逐个观察，并询问家长；认真做好"一摸"（是否发烧）、"二看"（喉部、皮肤和精神）、"三问"（饮食、睡眠、大小便情况）、"四查"（仔细观察幼儿有无携带不安全物品，发现问题及时处理）。在教育活动中，教师需保证教育质量，注意培养幼儿正确的坐、立、行姿势和握笔姿势，保护幼儿的视力和嗓子。在其他活动中，如果幼儿达到相关要求存在一定困难，教师应适当提供帮助。

二、学前儿童身体自护和生活自理教育的原则

遵循教育的规律，尤其是学前儿童教育的规律，是有效实施学前儿童身体自护和生活自理教育的必要保证。

1. 自由的原则

根据蒙台梭利（Montessori）的儿童观，幼儿的内在冲动是通过自由活动表现出来的。幼儿能根据自己的特殊爱好选择物体进行活动。科学教育学的基本原理是允许个体的发展和儿童天性的自由表现。

幼儿有充分活动的自由并不意味着他可以为所欲为。蒙台梭利认为，幼儿必须在自由的基础上培养纪律性。自由和纪律是同一事物不可分割的两个方面。自由活动是形成真正的纪律的重要方式，而真正的纪律也必须建立在自由活动的基础上。学前儿童身体自护和生活自理能力教育是学前教育内容的一部分，也必须遵循自由原则。

2. 工作的原则

使幼儿身心协调发展的活动就是"工作"。如果幼儿能全神贯注地工作，正说明这种工作能满足他内在的需要。这个过程也就是幼儿生理和心理实体化的过程。这不仅使幼儿得到了心理上的满足，也使得他获得了独立的能力。总之，工作对于幼儿来说是极有帮助的，能有助于他的肌肉协调和控制，能使他发现自己的潜力，有助于培养他的独立性和意志力，能使他在生命力不断展现的神秘世界中锻炼并完善自我。

3. 重视能力培养的原则

学前阶段，应该让幼儿依靠自己的努力去发现周围五彩缤纷的世界，逐渐丰富感性知识。知识只有成为智力活动的推动力才具有价值。因而，教师不应该把精力放在身体自护和生活自理能力知识的罗列上，而应该明白一切活动都是为了发展幼儿的注意力、感觉能力、知觉能力、观察能力、记忆能力、想象能力、推理能力、语言能力和审美能力等。

4. 安全性原则

幼儿身体自护和生活自理能力的练习，与一些特定的环境和设备相关，在进行教育，尤其是练习的时候，须严格保证幼儿的安全。在教给幼儿一些器械的操作方法的过程中，应首先告知幼儿相应的危险及避免危险发生的知识。

三、学前儿童身体自护和生活自理教育的注意事项

1. 相信幼儿，把自我服务的机会还给幼儿

成人过分保护幼儿，为孩子做了许多本应由幼儿自己去做的事情，这无形中剥夺了幼儿发展自身能力的机会，也损害了他们的自立精神与自信心。这种爱限制了幼儿的自我发展，可能对幼儿将来独立的社会生活产生不利影响。在学前儿童身体自护和生活自理能力教育过程中，教育者切忌过分约束和担心，让幼儿在成人的审视中和精神束缚下失去锻炼的机会，不能自由成长和发展。

2. 长时间的坚持

幼儿的所有行为和技能及身心的发展都不是短期就形成的。作为身心发展一部分的身体自护和生活自理能力也需要逐渐养成，通过持之以恒和坚持不懈的训练，可以使其不断巩固和提高。

3. 一致的要求

在培养行为习惯的过程中，对幼儿统一的要求十分重要。它体现在教师与教师之间的一致性、教师和保育员之间的一致性，以及家园之间的一致性。一项统一的规则要求，能促使幼儿产生明确的行为方向，增强幼儿学习的信心，提高学习的效率。教育者在学前儿童身体自护和生活自理能力教育中需要避免对幼儿要求过多、过滥或经常变化、前后矛盾。要知道幼儿某些问题难以纠正，根本原因在于成人的教育存在问题，可能前后要求的不一致，或教育者之间要求的不一致。

4. 集体与个别的结合

同伴的影响对幼儿接受教育的效果影响很大。同伴之间的相互模仿、交流、争辩等都是幼儿获得信息、调节行为的重要依据。同伴交往中同伴反馈具有真实性、自然性和即时性。幼儿积极、友好的行为，如分享、微笑等，能马上引发另一幼儿的积极反应，得到肯定性的反馈；而消极、不友好行为则正好相反，如抢夺、抓人等会马上引发其他幼儿的反感，或引起相应性的行为。幼儿正是在与同伴的交往中不断地调整、修正自己的行为方式，掌握、巩固较为适宜的交往方式。因此，在学前儿童身体自护和生活自理能力教育中，应充分利用集体的、小组的形式，通过同伴的影响，来调节幼儿的行为习惯。

【案例】

轮流使用玩具

小美（4岁6个月，女）想拿鹏鹏（4岁9个月，男）手里的玩具："给我这个行吗？"鹏鹏抓着不想给，小美马上说："我先玩一会儿，一会儿肯定还你！"鹏鹏这才松手同意。（小美采用了协商的方法，希望与同伴轮流使用玩具，得到同伴的同意。）

小美又想问伟伟（4岁4个月，男）要小瓶："对，给我一个这个，一会儿就给你。"伸手从伟伟的手里拿了过来。（小美由于上一次使用的方法使自己成功地拿到了玩具，所以这次她依然使用相同的方法并取得了成功，这将进一步强化小美今后使用这一策略进行交往。）

鹏鹏问小美剪刀在哪里，小美站起来翻着药箱说："就一个剪刀，这里面。"鹏鹏听到后自己动手翻药箱，小美赶紧走上前："那你用一会儿再给我好吗？"鹏鹏接过剪刀，表示同意："我用它做手术。"（小美依然使用协商的办法希望与同伴轮流使用玩具，得到同伴的认可。）

5. 榜样的作用

幼儿学习的形式主要是模仿，在幼儿行为习惯的养成过程中，教育者可以利用榜样的引导作用，达到教育的目的。榜样引导就是在与孩子的朝夕相处中，成人处处以身作则，以自己的榜样力量去影响、诱导孩子的发展，而不是以说教的方式来教育幼儿。这种无声的潜意识教育方法，在幼儿的幼小心灵中可以起到"随风潜入夜，润物细无声"的作用，往往比有声的教育作用更大。

6. 家园的一致

教师、家长作为幼儿的教育者，是实施幼儿发展教育的主体。《幼儿园教育指导纲要（试行）》中指出："幼儿园应主动与家长配合，帮助家长创设良好的家庭环境，向家长宣传科学保育、教育幼儿的知识，共同担负幼儿教育的任务。"幼儿园要发挥主导作用，要充分重视家庭环境的影响，和家长形成教育合力，使家园双方配合一致，促进幼儿的健康和谐发展。学前儿童身体自护和生活自理能力教育要想能获取到高质量的教育效果，就必须得到幼儿家庭教育的大力支持与配合。幼儿家庭教育的目标是与幼儿园教育目标紧密相连的，这就决定了两者的教育可以使儿童在一定程度上具有一致性和相关性。幼儿家庭教育如果能积极配合幼儿园的教育，就可以使儿童在幼儿园的教育结果得以顺利延续，使幼儿所受教育在一定程度上保持其完整、连贯性，并可取得较为显著的教育成效。

7. 有意识地培养幼儿应对困难的能力

幼儿在成长的过程中遭遇挫折是不可避免的，这是正常的现象。能够忍受和消除挫折并保持完整的人格和心理平衡，这是心理健康的重要标志。心理学家研究指出：当人们遇到挫折时，高达90%以上的人会选择5种反应——攻击、退化、压抑、固执与退却；而正面思考者的比率低于 10%。大多数人在遇到挫折时，很容易陷入负面情绪，总是将失败的想法归咎于负面的事物上，习惯对自己一味地责备和否定，不懂得如何去调整负面情绪。著名心理学家马斯洛说："挫折未必总是坏的，关键在于对待挫折的态度。"一个能笑看一切的人的抗打击能力必定会比一般的人强。具备很强的挫折抵抗力的幼儿就是那些在困境中依旧能够快乐前行的孩子。因此，培养幼儿乐观开朗的个性很重要，让幼儿能微笑着面对挫折，对学前儿童身体自护和生活自理教育有着重大意义。

【实践项目】

实践项目一：找找哪里不安全（大班）

一、活动目标

（1）幼儿通过活动，增强遵守活动规则的意识，远离不安全因素。

（2）幼儿能寻找教室里的不安全因素，并贴上标记提醒同伴。

二、活动准备

（1）幼儿户外活动的图片。

（2）红色标记。

三、活动过程

---

1. 教师出示幼儿户外活动时的图片

教师提问："图上有谁？他们在玩什么？你觉得他们这样玩好吗？也许会发生什么事？觉得小朋友应该怎么玩，才不会发生这样的事呢？"（引导幼儿大胆交流）

2. 幼儿寻找教室里不安全的因素

① 教师："刚才，我们看的是小朋友在外面活动时发生的不安全的事情。其实，在我们的教室、午睡室、卫生间都有许多不安全的地方，如教室里的黑板、桌椅、装水的茶桶等，如果……"

② 幼儿两两结伴去寻找教室里有什么地方是不安全的。

③ 幼儿找到不安全的地方后，为不安全的地方贴上红色警告标记，提醒其他幼儿注意。

教师总结："刚才，小朋友找出了许多不安全的地方，并给它们贴上了红色警告标记，下次小朋友看见这些贴有红色警告标记的地方就要更加注意安全，好吗？"

四、活动评析

通过此次活动，幼儿找出了许多不安全的地方，并给它们贴上了红色警告标记，提醒小朋友看见这些贴有红色警告标记的地方就要更加注意安全，增强幼儿身体自护的意识。除了幼儿园中教师的引导之外，家长也应配合教师在家中提醒幼儿注意寻找不安全因素，帮助提高幼儿身体自护的能力。

实践项目二：骨骼健康身体棒（大班）

一、活动目标

（1）幼儿了解骨骼是人体的支架，知道骨骼对身体很重要。

（2）幼儿知道均衡饮食及保持正确的坐、站姿势和锻炼可以使骨骼长得更健康。

二、活动准备

（1）幼儿用书、练习册。

（2）各类食物小图片及画有餐盘的操作单、胶棒，幼儿人手一份。

（3）教师自制错误的坐、站姿势图片各一张。

三、活动过程

1. 教师引导幼儿摸一摸自己的身体，激发幼儿的学习兴趣

教师："我们一起来摸摸自己的手臂，摸到了什么？"（硬硬的骨头）"再摸摸其他的地方，你还在哪里摸到了骨头呢？"

教师小结：人身体的每一个地方都有骨头，骨头摸起来是硬硬的。骨头还可以说成是骨骼。人的全身都有着大大小小的骨骼，骨骼像支架一样支撑着人的身体。

2. 教师通过引导幼儿知道骨骼的重要性，引起孩子的重视。

教师通过实验，引导幼儿感知到骨骼的重要性。

教师："我们来看看这个架子，架子上面有个小球。这个架子就等于是我们的骨骼，而这个球等于是我们的皮肤和肌肉，如果把这个架子拿掉的话这个球会怎么样呢？可见，骨骼对我们的身体是多么重要！没有了骨骼，我们就不能站起来，不能做任何事情！所以我们要好好保护我们的骨骼，让我们的骨骼长得更棒。"

3. 幼儿讨论该如何让骨骼长得更棒。

① 幼儿了解营养均衡，骨骼会长得更棒。

教师："要身体好，我们必须要吃哪些食品？哪些食品是对骨骼有好处的呢？"

教师小结：米饭、鸡蛋、牛奶、蔬菜、豆浆、肉、鱼、虾等这些食物对人体的骨骼有好处，可以使小朋友的个子长得更高，骨骼更坚固。所以，小朋友们每种食物都要吃，不能挑食，不然就长不高了。

② 幼儿了解保持正确的坐、站姿势，骨骼会长得更棒。

教师："书本里的小朋友的动作有什么不一样？我们要向哪个小朋友学习？"

教师小结：正确的坐、站姿可以使骨骼生长得更健康。

③ 幼儿知道加强锻炼，骨骼会长得更棒。

教师："还有什么办法可以使我们的骨骼长得更好呢？我们可以每天坚持做哪些适合的运动？"

教师小结：小朋友们要经常锻炼身体，这样骨骼就会很坚实，不会容易断。

4. 结束活动

教师："我们知道了要怎么样才能让我们的骨骼长得更好，那现在开始我们来看看谁做得好，谁长得最棒了！"

四、活动评析

通过此次活动，幼儿意识到了骨骼健康身体才能好；知道要经常锻炼身体，这样骨骼就会很坚实，不会容易断。同时，家长也要配合，鼓励幼儿保持正确的坐、站姿势，骨骼会长得更棒；引导幼儿营养均衡，骨骼才能长得更棒。家园合作，才能真正增强幼儿身体自护的能力。

实践项目三：身体的秘密（大班）

一、活动目标

（1）幼儿在教师引导下能科学、正确地面对性话题，学会尊重自己和别人的身体。

（2）幼儿有初步的自我保护意识，了解基本的防卫方法。

（3）幼儿能够积极地思考，自由地表达。

二、活动准备

（1）幼儿的准备：活动前的调查记录，对两性的区别有初步的认识。

（2）教师的准备：收集大量的性教育资料，以应对活动中孩子们的突发提问；角色分工、互助协调；布置有关两性知识的活动区角（包括人物、动物），提供较为丰富安全的可操作材料。

三、活动形式

集体活动、小组活动。

四、活动过程

1. 谈话引入

（1）教师请小朋友按性别分成男、女两组，两名教师明确分工。

（2）教师引导幼儿通过观察，阐述自己所看到的男、女有什么区别，请幼儿充分讨论自己对不同性别的看法。

（3）教师提问引发思考：什么是"性"？

教师小结："性"是和人的身体密切相关的，不光是从头发的长短判断性别的，更重要的是人身体的某些部位，是代表着性别差异的。是哪些部位呢？就是人们穿衣服遮起来的部位。

2. 幼儿明确身体的隐私部位，学会尊重自己和别人的身体

（1）请幼儿观看动画片《蜡笔小新》，对小新随便脱裤子的行为进行讨论。

（2）出示洋娃娃，请幼儿指出什么部位是要自护的，不能随便给别人看的（用穿着游泳衣的洋娃娃图片辅助讲解）。

教师小结：人身体的某些部位是不能随便给别人看的，要尊重自己和别人的身体。因为那是每个人的隐私，随便暴露自己的隐私、随便侵犯别人隐私都是不礼貌的行为。

（3）游戏"找朋友"。体验与朋友的亲密接触，讨论哪些接触是友好、善意的，哪些接触是不友善的。

教师小结：除了妈妈，别人不能碰小朋友们的隐私部位，如果有人叫你单独一人去没人的角落或屋子，千万不要去……

3. 案例分析

① 教师结合本班幼儿的实际，进行案例讲述，组织幼儿开展讨论。

② 分组开展参与式讨论，提出自我防卫的策略（打电话给父母、报警、向可信任的成年人求助、大声呼叫求救等）。

教师小结：教育幼儿在日常生活中要自护好自己，同时要尊重别人的身体。

五、活动建议

（1）此活动的开展，教师一定要根据本班幼儿的实际需求来进行。

（2）在活动开展之前，教师要进行充分的调查，了解幼儿对此相关知识的了解程度，以便有的放矢地开展活动。

（3）教师鼓励幼儿自主选择活动区，丰富有关身体的知识。

（4）教师了解幼儿关注的热点，捕捉有价值的教育素材，继续生成、开展相关的主题活动。

（5）教师应根据本班幼儿的实际，充分考虑到幼儿们可能会提出的一些关于"性"知识的问题，教师要做好相应的解答准备。

六、活动评析

性教育一直是个重要的教育内容，教师通过"蜡笔小新""洋娃娃"这些虚拟角色，结合幼儿们并不陌生的游泳体验，深入浅出地引导幼儿们科学、正确地面对性话题，引导幼儿们学会尊重自己和别人的身体，并且养成初步的自我保护意识，了解基本的防卫方法。

实践项目四：我能自己睡（大班）

一、活动目标

（1）幼儿知道自己长大了，应该学会独自一人睡觉。

（2）幼儿能够大方地在集体前发言，表述自己的想法。

（3）幼儿获得独立能力和勇敢的品质。

二、活动准备

（1）幼儿用书人手一册。

（2）红笔人手一支。

（3）红花若干。

三、活动过程

1. **教师讲述故事《乖乖睡觉》**

乖乖是一个小女孩，她很聪明也很能干，就是胆小，每次睡觉都要妈妈陪。一天，妈妈出门去了，乖乖一个人躺在床上，她哭起来："妈妈来拍乖乖睡觉……"住在山那边的熊妈妈听到了，赶过来一看，原来是乖乖不愿一个人睡觉。熊妈妈说："乖乖，我来拍你睡觉吧。"熊妈妈就伸出大手"啪啪，啪啪"地拍了起来，可是只听到"刺啦"一声，被子被熊妈妈拍破了。熊妈妈难过地说："唉，我的小熊宝宝从来不要我拍，都是自己睡觉的。"乖乖听了，很不好意思地红了脸。她对熊妈妈说："我也长大了，我也会自己睡觉，我不要妈妈拍了。"

2. **提出问题，引导幼儿讨论**

（1）教师："乖乖原来是怎么睡觉的？她这样哭闹对吗？为什么？"（引导幼儿知道自己长大了，应该学会自己睡觉）。

（2）教师："熊宝宝是怎么睡觉的？这样好吗？为什么？后来，乖乖怎么对熊妈妈说的？"（引导幼儿知道要向熊宝宝学习，独立睡觉。）

3. **通过讨论，幼儿明白独自睡觉的好处**

教师："你在家里独自一人睡觉吗？你独自一人睡觉感觉怎么样？你喜欢一个人睡觉吗？为什么？"

讨论：一个人睡觉好，还是和爸爸妈妈一起睡觉好？

4. **幼儿阅读《我会自己睡觉》**

教师引导幼儿看图说说："图上的小朋友是怎样睡觉的？为什么？"教师给会一个人睡觉的小朋友送上一朵红花。

5. **教师组织评红花活动**

教师给独自睡觉的幼儿发红花，并给予表扬；鼓励其他幼儿回家学习一个人睡觉，做个懂事、勇敢的好孩子。

四、活动建议

活动结束后，教师做好家长工作，请家长配合培养幼儿独自睡觉的习惯。

五、活动评析

教师通过讲故事以及讨论的方式达成目标，让幼儿在自然、轻松的氛围中知道自己长大了，应该学会独自一人睡觉，培养了幼儿独立能力和勇敢的品质。

实践项目五：身体多奇妙（小班）

一、活动目标

（1）幼儿初步了解身体的构造，知道五官、消化系统等的外形特征及其用途。

（2）幼儿能自护好自己的身体。

二、活动准备

（1）搜集有关人体器官的书籍，锻炼身体、利于身体健康的视频资料。

（2）酸、甜、苦、辣、咸味食物各一种，能发出不同气味的物品各一件。

（3）利用羽毛、绒线、粉笔、纸等自制大巨人一个，水彩笔若干。

三、活动过程

---

1. 子题一：认识身体器官名称和作用

幼儿一起搜集有关人体器官的书籍，从中认识到眼睛、眉毛、鼻毛、指甲、耳郭、胃、大肠、小肠等的名称和功能。教师借着书本解释消化系统的运作过程，引导幼儿知道大、小便是怎样形成的，以及要养成良好的饮食与卫生习惯。

2. 子题二：尝一尝

教师说："大家闭上眼睛，用舌头试试这些是什么？甜？酸？苦？辣？咸？"

3. 子题三：嗅一嗅

教师说："嗅一嗅这些是什么？原来我们的鼻子能够辨别出很多东西呢！"

4. 子题四：身体也能说话

教师说："身体中有很多器官都会'说话'的，以表达出身体的机能状况，如打哈欠代表氧气不够，胃发出"咕咕"声代表肚子饿等。"

教师引导幼儿尝试利用自己的身体做出不同动作，表达出一些友善和不友善的表情。

5. 子题五：动动手

教师说："利用不同的材料，如羽毛、绒线、粉笔、纸等，集合在一起制成一个大巨人！小朋友自选身体的一部分，涂上水彩。"

---

6. 子题六：保护身体

幼儿通过书本、视频和经验分享，知道怎样才能保持身体健康，如睡眠充足、适量运动、少发脾气；并认识到怎样去保护身体，如在强烈阳光下要戴上太阳镜，在天气干燥时要给皮肤涂上润肤露等。

幼儿通过角色扮演故事，知道怎样保护自己，免受骚扰。幼儿将带回来的相片和图片加以分类，从而认识一些对身体有益和无益的食物。

四、活动评析

小班幼儿的知识经验不够丰富，但对周围世界充满浓厚兴趣，因此，促进幼儿探索世界不妨从幼儿最贴近的自身开始。教师在活动过程中采用"收集资料—认识外形—感知用途—学习自护"的步骤，通过绘画、常识、表演、儿歌、游戏等各门学科的整合达到活动目标。

【本章小结】

◆ 学前儿童身体自护和生活自理能力教育涉及的内容主要有生活卫生、清洁卫生、环境卫生、器官保健卫生及安全常识等。

◆ 学前儿童身体自护和生活自理能力教育应贯穿于幼儿的一日生活中，与幼儿园一日生活有机结合，使幼儿的知识获得、习惯养成与技能培养一气呵成。

◆ 在学前儿童身体自护和生活自理能力教育中，要遵循以下原则：自由的原则，工作的原则，重视能力培养的原则，安全性原则。

【本章练习】

一、思考题

1. 简述学前儿童身体自护和生活自理能力教育的目标。

2. 在实施学前儿童身体自护和生活自理能力教育时需注意哪些问题？

二、实操题

设计一个学前儿童身体自护和生活自理能力教育方面的活动并做集体展示。

第五章

学前儿童饮食与营养教育

【本章学习目标】

◆ 明确学前儿童饮食与营养教育的目的和内容；理解学前儿童饮食与营养教育的原则；掌握学前儿童饮食与营养教育的方法和途径；

◆ 能够设计合理、新颖的学前儿童饮食营养教育活动；培养学前儿童时刻注意饮食与营养健康的良好习惯。

随着社会物质文明和精神文明的高度发展，人们越来越注重自身的健康，孩子的身体健康更是每个家庭关心的问题。而保证身体健康的首要条件则是摄入充足、合理的营养。对于正处于生长发育重要时期的幼儿，帮助他们树立正确的营养观念，形成良好的饮食卫生习惯，是学前儿童健康教育的基本内容之一，也是学前儿童全面发展的重要保证。

【引导案例】

"不吃，不吃，我就尝两块儿"

妈妈带着明明去朋友新开的糖果店玩。糖果店有各种各样的糖果：巧克力糖、奶油糖、虾酥糖、花生糖……五颜六色的，放满了玻璃柜。明明看得直流口水，这儿转转，那儿转转，看见了巧克力糖，舔嘴咂舌地说："巧克力真是香，不吃，不吃，尝两块儿。"可是越吃越爱吃，一下子吃了好几块。看见奶油糖，他流着口水说："奶油糖真是香，不吃，不吃，尝两块儿。"他把嘴巴张得大大的，又吃了好几块。看见了花生糖，他又流着口水说："花生糖真是香，不吃，不吃，尝两块儿。"就这样，明明把每个糖果柜子都转了一遍，吃了好多好多的糖。可是过了几天，他的牙齿针扎似的，疼得他"哎哟哎哟"直叫唤。

资料来源：中化二建集团公司幼儿园

第一节　学前儿童饮食与营养教育概述

保证身体健康的首先条件是摄入充足、合理的营养。对于正处于生长发育重要时期的学前儿童而言，帮助他们树立正确的营养观念，形成良好的饮食卫生习惯，是学前儿童健康教育的基本内容之一，也是学前儿童全面发展的重要保证。

人类通过营养维持生命，保证生长发育，增进健康和完成各种活动。首先，营养是维持身体健康的基础。人体在生命活动过程中不断从外界环境中摄取食物，从中获得人体必需的营养物质，促使机体神经功能的形成和发育，合理营养可以起到保持健康的作用。其次，营养影响机体的健康水平。营养状况影响人体免疫功能，营养缺乏可引起机体各种不适的症状，还可能诱发其他并发症，如维生素 A 缺乏可导致夜盲症，缺钙可导致佝偻病和骨质疏松症等。营养素过量可能引起中毒，也可能引起许多慢性非传染病的发生。最后，营养不仅影响生理健康，还会影响智力发育和心理健康。许多研究表明，营养水平差的幼儿感知事物、认识事物和抽象思维的能力偏低，记忆力和语言表达能力不强，还会出现一些心理上的障碍，如缺乏好奇心和自信心，活动不积极等。

人体所必需的营养素有蛋白质、脂肪、糖、无机盐（矿物质）、水和纤维素 6 类。各种营养素通过相互作用，提供人类所需的能量，调整食物在身体中的消化、吸收和代谢，促进身体健康成长。幼儿生长发育迅速，新陈代谢旺盛，所需的各种营养素相对比成人要多。为了满足幼儿对营养素的需要，必须通过每日膳食向他们提供一定数量的各种营养素。幼儿园为幼儿提供符合营养卫生要求的膳食，并与幼儿家庭的膳食相配合，能有效满足幼儿的营养需要，促进幼儿的身心健康发展。

一、学前儿童饮食与营养教育的价值和内容

饮食与营养教育就是通过有计划、有组织、有系统的教育活动，帮助人们形成有关营养的正确观念，并能根据季节、市场供应、个人口味及经济状况选择合适的食品，制订平衡膳食计划，懂得建立合理的饮食环境，自觉形成良好的饮食卫生习惯。随着社会的整体发展，人们对健康的追求也越来越高。学前儿童作为未来的主人，他们的营养状况与社会发展、民族兴旺息息相关。原世界卫生组织总干事哈夫丹·马勒博士曾经指出："儿童健康的投资，对于推动社会发展、提高生产力和改善身体素质，是一个直接的突破口。"饮食营养教育是健康教育的重要组成部分，同样对人的知识、态度和行为的改变起重要作用。因此，对幼儿进行营养知识教育，是必不可少的。

1. 学前儿童饮食与营养教育的价值

幼儿身心健康和发育成长离不开营养。加强幼儿饮食与营养教育对快速成长的幼儿智力发展和身心健康具有不可替代的作用。

（1）身体健康价值。

幼儿的饮食状况不但影响幼儿的生长发育，而且与其成年后多种疾病的发生密切相关。3～6岁的幼儿正处于生长发育的旺盛时期，每天必须从膳食中获得充足的营养物质，才能满足其生长发育和生活活动的需要。如果幼儿长期缺乏某种营养或热量供应不足，不但影响其生长发育，还能引起许多疾病。

学前儿童饮食与营养教育在于帮助幼儿了解各种食物具有不同的味道和营养成分，这些营

养成分可以给自己的生长发育提供丰富的物质基础，从而激发幼儿乐于尝试不同食物；培养幼儿良好的饮食习惯，能够按时进餐、合理进餐、均衡营养，并帮助幼儿掌握饮食的方法和技能；同时，帮助幼儿了解一定的饮食礼仪和饮食文化，以促进幼儿对营养的理解，从而保护和增进幼儿的身体健康。

【案例】

挑食的小贝贝

有个小朋友，叫小贝贝，哎，是个挑食的小贝贝。一天上午，妈妈炒了白菜。小贝贝看到了，嘟起了小嘴说："青菜没味道，我不吃！"小白兔见到了，开心地说："你不吃，我吃！"于是，它蹦蹦跳跳地跑过来，三口两口就把白菜吃光啦！

有一天，妈妈煮了鱼，小贝贝看到了，又嘟起了小嘴说："鱼有刺，我不吃！"小花猫看到了，开心地说："你不吃，我吃！"于是，它一下子跳到了桌子上，啊呜啊呜地把鱼吃光啦！

这样，小白兔、小花猫都吃得饱饱的，长得壮壮的，可漂亮啦！小贝贝却长得又瘦又小。

后来，小贝贝也学起了小白兔和小花猫，不挑食，每天都吃得饱饱的，不久，小贝贝也长得高高壮壮的啦。

资料来源：太原市韬园幼儿园

（2）心理发展价值。

幼儿经验的获得、技能的学习、概念的形成都离不开活动。在饮食与营养教育活动中，幼儿要能体验、感知食物的特性，加深对食物的了解和认识，丰富其生活经验。因此，学前儿童饮食与营养教育的作用不仅对幼儿的身体健康很重要，而且对幼儿的全面发展具有积极的意义。

① 促进学前儿童感官的发展。

皮亚杰十分重视认识主体在认知发展中的作用。他认为，人的发展和生活本身是机体与环境相互作用的过程。

饮食与营养教育是引导幼儿在与环境、实物、同伴、成人的接触过程中，通过视觉、触觉、味觉、嗅觉等手段了解食物的属性、辨别食物的味道、感知食物的质地、观察食物的外表和形态，以不同认知方法、手段刺激强化幼儿的感官，提高其感知能力。感觉器官是幼儿探索、学习的主要工具。如在"丰富的调料"活动中，通过引导幼儿尝尝、闻闻认识各种调料，提高其味觉和嗅觉的分辨能力。另外，还可以鼓励幼儿参与食物的制作（切、拌、揉），幼儿通过参与和面、擀面、学做面制品等一系列多感官活动，对"面"有充分的认识。所有类似的活动都能促进幼儿大小肌肉的协调能力的发展，使他们的手指更灵巧，感官变得更加敏锐，对事物的认识更全面、更深刻。

② 促进学前儿童语言的发展。

学前儿童的语言发展十分迅速，尤其是口语的发展。但是，语言的学习和发展离不开他们生活的环境。食物是幼儿天天接触、十分熟悉的东西，很容易引起他们说的愿望。在营养教育活动中，幼儿在认识食物的同时，可学说食物的正确名称（如萝卜、菠菜、肉等）、餐具的名称（如碟、勺、碗、筷等）；掌握一些量词（如一口、一片、一碗、一粒等）；了解常用的食物制作术语（如炒、炸、蒸等）。同时，在活动中儿童运用语言将自己的生活经验与同伴、教师进行沟通、互动。例如，冬瓜冬瓜像个胖娃，黄瓜黄瓜像个月牙，西瓜西瓜穿着花褂，丝瓜丝瓜最淘气了，爬上屋顶睡觉了。这样的儿歌形象地描述了食物的外形特征，念起来朗朗上口，如果再辅之以动作，幼儿会十分喜爱，从而更有效地认识、了解这些食物。正是由于外界环境因素的刺激和强化，幼儿很容易产生运用语言与人、事、物交流的积极性，并主动运用语言于环境，幼儿此时的语言学习不再是被动的、枯燥的、机械的训练，而成为一种内在的需求。营养教育活动为幼儿创设了说话的情景，为幼儿运用语言提供了机会。

③ 促进学前儿童认知的发展。

在幼儿生活的环境中，经常接触到事物中有关数量形状、类别、顺序、空间、时间等的知识，以及事物的一些物理、化学变化，这些现象都会促使幼儿产生好奇心和探索欲望。饮食营养教育活动能帮助幼儿在知道食物营养价值的同时去认知事物，探索科学的奥秘，使一些枯燥的数学知识、深奥的科学概念变得生动、有趣。如在"认识豆腐干"系列活动中，除了引导幼儿学习食物本身的特征外，还可以鼓励幼儿学习切豆腐干，给豆腐干进行二等分、四等分；在"蛋宝宝"的系列活动中，除了可以引导幼儿学习食物本身的特征外，还可以进行比大小、排序、分类的活动。在这些与食物直接接触的活动中，加深幼儿对食物营养价值的了解，而且能帮助幼儿认识食物的各种形状、颜色，对食物进行分类，感知食物的不同特性（轻重、软硬、粗糙和光滑等）、不同形态（固体、液体）及不同的食用与烹调方法，还可以给餐具配对，掌握简单的生活知识。如通过"找朋友"游戏，可帮助幼儿知道不同食物使用不同餐具（喝粥用勺、吃面条用筷子等）。这些活动既能丰富幼儿的生活经验，又能促进幼儿思维的发展，使幼儿对食物的感受更细致、全面，使生活中的科学知识变得生动有趣、浅显易懂，同时也能激发幼儿主动探索、发现生活奥秘的愿望，满足他们的发展需要，提高他们的解决问题能力，真正使他们的认知得以发展。

④ 促进学前儿童情感的发展。

人与食物的关系密不可分，它们是人类赖以生存的物质条件。饮食营养教育的目的在于引导幼儿接受食物的同时，对食物产生亲近感，使幼儿能够懂得欣赏食物多样的形态、丰富的色彩，了解不同民俗风情和文化。在各种形式的餐饮及食物制作活动中，幼儿之间、师生之间、亲子之间可以相互协作，进行情感交流，共同分享欢乐与幸福，并从中感受被接纳、被认同的体验。并且，在饮食营养教育活动的交往中幼儿还能习得健康、文明的饮食方式，选择有利于健康的饮食行为，树立自我保护意识，并在个人与集体的交互中养成良好的习惯，学会遵守规范。

2. 学前儿童饮食与营养教育的内容

学前儿童饮食与营养教育的重点在于帮助幼儿了解人的成长与身体的健康必须依靠食物；懂得身体需要多种营养素，应该吃多种不同的食物；初步了解烹调的基本方法，养成良好的饮食卫生习惯；了解不同地区饮食文化的多元性。学前儿童饮食营养教育的具体内容如下。

（1）认识食物的名称、形状、色彩、性质。

幼儿通过接触食物，学习食物的正确名称，观察食物的各种形状，感知食物的不同质地、感知各种食物的气味，欣赏食物的天然色彩及食物经加工调配后的色彩。

（2）知道营养素与人体健康的关系。

教师或家长向幼儿介绍人体所需的基本营养素及其来源，各种营养素与人体健康的关系，促使他们形成广泛摄取食物、保持身体健康的营养饮食意识。

（3）建立良好的饮食行为习惯。

教师或家长向幼儿介绍不良饮食行为习惯对人体健康的危害，通过反复提醒、练习，帮助他们建立良好的饮食行为习惯，如饭前洗手、饭后漱口、安静用餐、不吃不洁食物、不乱吃零食等。

学前期是培养幼儿良好饮食行为和习惯的最关键阶段。教师或家长帮助幼儿养成良好的饮食习惯，需要特别注意以下方面。

① 合理安排饮食，一日三餐加一两次点心，定时、定点、定量用餐。

② 饭前不吃糖果等零食、不饮汽水等饮料。

③ 饭前洗手，饭后漱口，吃饭前不做剧烈运动。

④ 养成自己吃饭的习惯，让幼儿自己使用筷子和勺子，既可增加幼儿进食的兴趣，又可培养幼儿的自信心和独立能力。

⑤ 吃饭时专心，不边看电视边吃或边玩边吃。

⑥ 吃饭应细嚼慢咽，但也不能拖延时间，最好能在30分钟内吃完。

⑦ 不要一次给幼儿盛太多的饭菜，先少盛，吃完后再添，以免养成剩菜、剩饭的习惯。

⑧ 不要吃一口饭喝一口水或经常吃汤泡饭，这样容易稀释消化液，影响消化与吸收。

⑨ 不挑食、不偏食，在许可范围内允许幼儿选择食物。

⑩ 不宜用食物作为奖励，避免诱导幼儿对某种食物产生偏好。

（4）掌握饮食的方法和技能。

教师或家长教给幼儿饮食过程中的基本方法和技能，如正确使用筷子、勺子的技能，挑、吐鱼刺的技能，剥坚果外壳的技能，吃条状食物的技能等，以及引导他们知道在不同的就餐场合（如自助餐厅、西餐厅、快餐厅等）进餐的方法等，从而提高幼儿的饮食自理能力。

【案例】

有趣的筷子

木木今年 4 岁，开始上中班了，还不会用筷子，妈妈想现在应该是木木学用筷子的时候了。有一天，妈妈买来一些巴旦木让木木练习使用筷子，并告诉木木，学会用筷子可以参加六一儿童节时幼儿园组织的夹豆子比赛。木木开始兴致勃勃地练起来，妈妈则坐在边上不停地指点、纠正：哪个指头该放在哪个位置，两根筷子要比齐，并用锤子砸出巴旦木果仁，时不时奖励他吃一颗。每当木木夹起来一颗巴旦木，妈妈就赶紧夸一句："我儿子真棒！"当他不想夹并放慢速度时，妈妈就说："运货呢，请快点。"就这样练了大约 15 分钟，木木开始不耐烦了，扔了筷子玩别的去了。看到这种情况妈妈也不勉强，下一次再练吧。第二天下午，正好木木 6 岁的小表姐贝贝来他们家，妈妈就让贝贝砸果仁，儿子夹巴旦木"运货"。同小表姐合作，儿子很兴奋。妈妈不时督促："运货，请快点。"木木这次用筷子比上次熟练多了，没壳的果仁，他直接夹到嘴里吃掉。这次玩了 20 分钟，他们都没兴趣了，妈妈只好收工。第三天，因为巴旦木被吃光了，想让木木再练筷子，也没有道具了，只好作罢。

几天后，在爷爷家吃饭，木木竟然拿筷子吃饭，夹菜的动作很好看，妈妈和爸爸都很激动：儿子拿筷子吃饭，这是他成长史上的一件大事。妈妈问木木："筷子好用，还是勺子好用？"儿子说："筷子好用，大的小的都可以夹起来。"

筷子的使用对于幼儿来说非常有意义。一般，小班幼儿使用勺子，升入中班以后开始使用筷子，让他们重新换一种进餐工具，其中的困难可想而知。教师应抓住中班健康领域的教育目标与幼儿的年龄特点，解决孩子日常生活中的问题，并引导他们掌握一些技能，培养幼儿的健康行为，最终使幼儿养成健康的生活方式。

资料来源：太原市韬园幼儿园

（5）了解民间饮食文化及风俗习惯。

教师或家长可以通过故事引导幼儿了解不同地域的饮食文化和风俗习惯，培养他们对祖国饮食文化的热爱，同时拓宽他们的视野，帮助他们了解多元文化，并鼓励他们有机会多品尝我国及其他各国民间流传至今的食品。

（6）养成健康文明的饮食礼仪。

教师或家长可以以故事或角色扮演的方式，引导幼儿从小懂得就餐时的饮食礼仪，如进餐过程中讲究餐桌卫生，自助餐或聚餐中能按需取餐或点餐，不浪费食物等，也可以向幼儿讲授基本的进餐礼貌语和礼仪行为。

（7）知道简单的处理和烹调食物的方法。

教师或家长通过向幼儿展示或带领他们参观食物的种植、制作过程，引导幼儿了解食物是从哪里来的；通过鼓励幼儿动手操作、用心观摩，引导他们了解食品的制作方法、食物的储存方法等，从而丰富幼儿的生活经验。

二、学前儿童饮食与营养教育的途径和方法

（一）学前儿童饮食营养教育的途径

教师或家长在学前儿童饮食与营养教育过程中要结合各种方法，通过多种途径激发幼儿对食物的兴趣，帮助他们养成良好的饮食行为习惯，正确认识营养均衡的重要意义。

学前儿童饮食与营养教育可通过以下途径完成。

1. 专门的饮食课程教育活动

（1）感知鉴别。若想让幼儿熟悉食物，需给予实物，教师让幼儿看看食物的颜色、形状、大小等特征，以训练幼儿的观察辨别能力；让他们闻一闻气味，以训练幼儿的嗅觉；让他们摸一摸，感觉它是粗糙还是光滑的，以训练触觉；让他们摇一摇食物，听听有没有声音，而后再打开食物观察其内部构造，以训练听觉。

教师让幼儿学习辨别可食与不可食的食物，对比食物生与熟状态下的形状、气味。然后，进一步引导幼儿鉴别新鲜的食物、添加色素的食物，分辨不新鲜、不卫生的食物及对人体有害的食物。教师可以安排简单的实验，如比较新鲜的蛋与久放的蛋的差别；将面包、牛奶等食物分别置于室温、阴凉处或冰箱里，数日后开始腐烂的情形，了解低温冷藏有抑制细菌生长的功效等。

（2）模拟游戏的认知。游戏是幼儿最喜欢的内容之一，教师可以将食物的来源、特性、功用编成故事或游戏，或将食物拟人化，配合图片、幻灯片或录像等教具，通过游戏让幼儿了解食物的特征及其营养与健康的关系。待幼儿都熟知后，教师评价其学习结果，如让幼儿看图片猜猜是何种食物，说出食物的营养价值或功用等。

另外，幼儿园教师还可以组织基本食物的单元活动，引导幼儿想想前一天所吃的食物，安排玩"五类谷物营养伙伴"游戏，说明营养来自均衡的饮食、每天都要吃各类谷物，以增强均衡饮食的观念。

（3）数学概念的掌握。教师可以做以下一些教育引导行为：引导幼儿将食物依其特性如大小、颜色、形状，予以分类；利用所收集的食物、图片，就食物对人体的功用、腐败变质的不良影响等，玩配对游戏；将几种食物并成一堆，放入容器内比较多少，学习称重，预测几个水果可装成一篮，从而渐渐引导幼儿习得整体、部分及数的概念；给予一组食物分解图，鼓励幼儿完成，拼好后让他们比较大小、长短、粗细、数目；发一套食物图片做分组比赛，制定积分标准，选择五大类食物者给正分，选择甜食（如糖果、汽水等）、不洁的食物者给负分，鼓励幼儿合作挑选食物，搭配成均衡的饮食等。这些活动都能有效促进幼儿数学知识的获得与掌握。

（4）科普实践活动。教师引导幼儿妥善利用有限的空间，种植蔬菜或饲养家禽。种植过程能帮助幼儿更好地了解植物的整个生长过程：由播种开始，鼓励孩子每天浇水、除草或施肥等，细心地照顾所种的蔬果，并注意观察生长的变化；认识所种蔬菜的名称，观察其形态（根、茎、叶）特点，再加以分类，如深色蔬菜其营养价值比浅色的高。收获后，幼儿可用放大镜、显微镜或万花筒观察食物的各部位，如水果的外皮、果肉或果核组织。在豆类单元中，观察种豆的情形，辨认各种豆类，了解其营养价值、用途，并用豆类做成简单的食品，如豆浆、豆花、豆沙，鼓励幼儿在实践中接受教育。

（5）实地参观活动。实地参观活动包括：去菜园或果园，了解植物的生长成熟是由种植而得，并观察蔬果开花、结果及采收的情形；到牧场、乳制品加工厂，认识牛奶的来源、认识各式各样的乳制品，认识牛奶的营养价值；参观养鸡场，了解鸡的繁殖及其饲养情形，认识蛋的营养价值；去农村，认识五谷的种植情形，农家饲养家禽、家畜的情形及农产品加工制造。另外，在超市、菜市场或中、西餐厅也有助于了解文化对饮食的影响。参观完后，鼓励儿童发表其所见所闻，彼此讨论，交换观感，使其印象更加深刻。

2. 体验式营养课堂

营养课堂教学经过周密的设计与计划，从幼儿生活经验取材，依幼儿的认知能力、需要及兴趣来安排，才能达到幼儿营养教育的目标。在课程实施时应注意课程目标的完整性，包括认知、情感（态度的建立）、技能（饮食习惯的培养）三方面，使知行合一。

在课堂教学演练中，介绍各类食物，引导幼儿增加对食物的认识，了解其重要性。教师要想鼓励幼儿接受新的食物，第一步骤就是带领他们认识食物。利用食物分类表来教导幼儿。五大类食物的分类[①]主要是根据其营养素来区分的，需要利用归纳法将相似的食物分在同一类，譬如，将蛋白质含量丰富的蛋、豆、乳、鱼、肉类列在同一类。然而幼儿从食物表面观察很难看出蛋与肉类之间有什么相似之处，因此为配合幼儿的认知能力，可将食物分为十大类包括乳类、肉类、蛋类、豆类、蔬菜类、水果类、五谷类、根茎类、油脂类及干果类，便于幼儿了解。

上述单元活动和食物分类可帮助幼儿树立以下重要的食物营养观念。

（1）食物的种类繁多，植物与动物都是食物来源。

（2）了解每种食物的颜色、形状、味道及营养素，学习分辨食物营养价值的高低。

（3）每种食物有不同的制作方式，如生吃、烹煮、干燥、冷冻、发酵、浓缩、脂渍或制罐等，正确的食物烹调加工制作可尽量少破坏营养。

（4）良好的营养可维护身体健康，促进身体生长发育。

（5）良好的营养取源于均衡的饮食，每天可在五大类食物中选一两种，做到食物选择多样化。

---

① 五大类食物包括五谷类、肉鱼蛋豆乳类、蔬菜类、水果类及油脂类。

3. 课外餐点活动的组织

幼儿园除开展营养课堂教学外，还可以组织有趣的与一日生活相关的课外餐点活动。组织餐点活动应注意以下事项。

（1）依据幼儿的能力和经验，预测所选活动的难易是否恰当。

（2）餐点活动应配合幼儿"常吃的水果""常吃的蔬菜""蛋""点心材料"等来选择。

（3）引导幼儿从做中学，采用小组活动为幼儿提供学习的机会。小组用的餐点教具依人数来决定份数，每份分装好，小朋友可以轮流交换使用。如果班级人数太多，无法分组，教师可以采用示范方式和幼儿们共同讨论、操作，示范时事先安排妥当小朋友的座位，保证每个孩子都能看清楚教师的示范动作。

（4）幼儿从事食物制备活动时，必须有教师在旁辅导，注意安全、卫生等事宜。

（5）餐点活动中要不断地评价，随机指导，因材施教；把握活动目标，弹性地调整具体活动，以适应幼儿的个性差异。

（6）幼儿餐点活动可邀请家长参与，让家长了解幼儿园的活动内容、活动目的，获得正确的营养知识，以便使家中的教导与幼儿园的活动相互配合，相辅相成。

（二）学前儿童饮食与营养教育的方法

与学前儿童的其他教育活动相比，学前儿童饮食与营养教育有其特殊性，如营养对学前儿童健康的影响需要较长时间才能体现出来，学前儿童的口味需要常常与营养需要相矛盾等。因此，在幼儿园进行饮食营养教育，教师要根据学前儿童对食物的选择和对营养的理解特点，考虑不同年龄儿童的认知特点，选择合理的教育方法。

1. 讲解演示法

讲解演示法是教师通过演示直观教具，把抽象的数、形、量等知识、技能或规则变为具体的、形象的、幼儿可直接感知的东西呈现出来，结合口头讲解，从而形成概念的教学方法。在学前儿童饮食与营养教育中运用讲解演示法，教师可以通过向幼儿展示食物的具体模型或演示饮食的行为技巧，帮助幼儿掌握有关饮食与营养的知识和技能，提高他们的认知水平。例如，在讲解"蛋的类型"时，教师可以通过向幼儿展示各种蛋的图片或模型，模仿相关动物的习性特点，帮助幼儿获得直观形象的认识。

2. 行为练习法

行为练习法是指幼儿通过反复地完成一定动作或活动方式，借以形成技能、技巧或行为习惯的教学方法。从生理机制上说，通过行为练习使幼儿在神经系统中形成一定的动力定型，以便顺利地、成功地完成某种活动。行为练习法在培养幼儿饮食行为习惯及技能中有着十分重要的作用。行为练习法对于巩固饮食技巧，稳定饮食行为习惯，发展幼儿的饮食自理能力具有重要的作用。例如，幼儿正确使用筷子的技能，饭前洗手、餐后漱口的习惯，都必须在反复的练习中才能真正掌握和巩固。

3. 讨论评议法

讨论评议法是指教师通过安排语言交流活动，鼓励幼儿参与饮食与营养教育过程，为他们提出问题、发表意见、自己得出结论提供机会，从而帮助他们掌握饮食营养知识。讨论评议法能有效地帮助幼儿表达自己的真实想法，提高辨别是非的能力。讨论评议法通常选择幼儿感兴趣的饮食营养话题展开讨论。例如，开展"注意饮食卫生"主题活动，通过讨论"路边的小吃能吃吗""垃圾食品能吃吗"等问题，引导幼儿明白要吃清洁的食物，饭前、便后要洗手等卫生习惯知识，帮助幼儿初步感知饮食卫生的重要性，增强自我保护意识。

4. 实践操作法

实践操作法是指教师设计多项与饮食营养教育有关的活动，引导幼儿参与，鼓励他们在实践的过程中自觉接受教育。实践操作能加强幼儿对饮食营养的直观了解，培养和训练他们认识、观察食物及分析解决饮食加工和储存中存在问题的能力，提高幼儿的饮食行为操作技能。实践操作还可以开阔幼儿的视野，提高幼儿学习的兴趣，培养他们的动手操作能力。例如，鼓励幼儿自己制作饺子，锻炼其技能，增加他们对饮食的乐趣。

5. 游戏法

游戏法是指运用游戏的方式，将教学内容设计在游戏活动中，通过游戏的方式对幼儿进行饮食与营养教育。游戏对幼儿来说至关重要，它是幼儿产生高级心理现象的重要源泉，也是幼儿社会化的重要途径。爱玩、爱游戏是幼儿的天性。我国著名教育家陈鹤琴就曾经说过："游戏是孩子的生命。"这充分说明游戏是符合幼儿心理特点与年龄特点的一种独特的活动形式。将饮食营养教育通过游戏的方式表现出来，鼓励幼儿在快乐的氛围中获得知识，养成习惯。例如，玩"食品加工厂"游戏，可以引导幼儿了解食品的生产加工过程，培养他们珍惜劳动成果的品质。

6. 情景表演法

情景表演法是指教师和幼儿就一定的生活情境、故事情节进行表演，引导幼儿思考、分析情境中所涉及的饮食营养教育问题。因为表演的主题一般来源于幼儿的生活实际或幼儿喜欢的故事，所以这种方法能有效激发他们的学习兴趣，并从表演中得到启发，得出合理解决问题或矛盾冲突的结论。

第二节 学前儿童饮食与营养教育的实施

饮食与营养教育只有立足于幼儿的已有认知，才能更具针对性和合理性。但是，幼儿自身的认知能力还没有发展健全，对于营养方面的认知更是少之又少，在他们看来，只要是好吃的，合自己口味的东西就爱吃，从而容易形成挑食、偏食的毛病。学前儿童的饮食与营养教育该如何实施呢？

一、学前儿童饮食与营养教育的原则

学前儿童饮食与营养教育是长期性的教育工作，同时又是关乎幼儿身心健康的工作，因此，其重要性不容忽视。在学前儿童饮食与营养教育中，要遵循以下原则。

1. 需要性原则

需要性原则是指饮食与营养教育应关注幼儿发展的需要。饮食与营养教育的活动内容来源于幼儿的生活，来源于幼儿的需要，是幼儿最熟悉的，也是学前儿童身心发展所必需的。但由于环境的不同、年龄的差异，幼儿的饮食行为、饮食态度和健康状况等不尽相同。学前儿童饮食与营养教育活动应从幼儿的实际出发，引导幼儿了解食物与人类健康之间的关系，形成主动、持久、稳定、自觉的行为和态度。

2. 可行性原则

可行性原则是指饮食与营养教育活动应适应幼儿的身心发展特点。饮食与营养教育的内容、方法等是否适合于不同年龄阶段的幼儿，是否为不同发展阶段的幼儿所认知、所接受，这是实施教育活动前必须认真考虑的问题。如幼儿园小班的幼儿认知水平相对较低，生活经验不丰富，独立生活能力较弱，在进餐时往往表现出卫生习惯不良，挑食、饮食行为不熟练等问题，教师在教育过程中应偏重幼儿兴趣的激发和习惯的培养，教育方法可选择示范、榜样等。而中、大班的幼儿认知水平有了一定发展，生活经验更加丰富，独立能力增强。在教育过程中可增加其认知性和操作性，采用实践操作或情境教学等方法。

3. 安全性原则

安全性原则是指饮食与营养教育应保证幼儿的安全和健康。饮食与营养教育的内容应将安全和健康放在首位。幼儿正处于身体发育的关键时期，需要补充大量的营养，而且他们活泼好动，能量消耗也很大，所以他们需要吃东西来保证身体发育的营养。但他们喜欢吃不同种类、不同口味的食物，稍有疏忽，就有可能存在咬舌、噎食甚至食物中毒等危险，所以教师必须教育幼儿注意饮食安全。

【案例】

不注意饮食安全的其其

其其小朋友有个不好的习惯，她一日三餐酷爱吃的都是辣条、烧烤等油炸食品。这些食品味道虽好但容易吃坏肚子。不过其其连拉肚子也不管，过了很多天，其其的脸色煞白，肚子也像被针扎那么痛，妈妈只好带她去看医生。医生说："你是不是吃了一些很不干净的东西？"其其心想这么好吃的东西，我怎么舍得不吃呢？于是就撒谎说："没有啊！"医生只给她开了止痛药。那些食品她仍然照吃不误。最后，其其因食物中毒而住进了医院，差点为此丢掉性命，从此她再也不敢乱吃了。其其的故事告诉我们应该吃对身体有帮助的新鲜食物，如水果、蔬菜、牛奶等。

资料来源：太原市韬园幼儿园

在教育活动中，教师应指导幼儿学习有关的安全知识。为幼儿提供饮食时，教师一定要进行选择和鉴别，保障幼儿安全、健康成长。

4. 一致性原则

一致性原则是指饮食与营养教育对幼儿的要求应前后一致、家园一致。饮食与营养教育并非一朝一夕的事，教育者要注意在教育中对幼儿的要求始终如一，不应随意改变；同时，家庭的教育也应与幼儿园的教育要求统一起来，这样才能取得好的效果。例如，幼儿园教育应与家庭教育建立良好的沟通途径，使得幼儿在园与在家一致，并坚持原则，不轻易改变。

5. 直接性原则

直接性原则是指饮食与营养教育的内容应尽可能是幼儿能直接感知的。感觉或知觉分别是客观事物直接作用于感官所获得的个别或整体属性的反应。感知觉在幼儿心理发展过程中具有特别重要的意义。在幼儿的认知过程中，感知觉占据重要地位。幼儿基本上是依靠自己的直接感知来认识事物的，幼儿的记忆直接依赖于感知的具体材料，幼儿的思维常为感知觉所左右，幼儿的情绪和意志行动，也常受直接感知的影响而变化。所以，直接感知是幼儿获得信息的有效途径，在饮食与营养教育中应尽可能鼓励幼儿多试验、多模仿、多探究，通过看、听、闻、尝、摸等多感官协同作用促进教育的效果。例如，请全体幼儿吃同一种食物，然后请他们分别说说吃的东西是什么味道。这种教学形式，能引起幼儿的兴趣，激起他们积极、愉快的学习情绪，提高教学效果。

6. 序列性原则

序列性原则是指饮食与营养教育应注意循序渐进。皮亚杰的儿童认知发展理论指出，有序的信息有利于幼儿吸收、加工、贮存与提取。在进行饮食与营养教育时，应坚持循序渐进的原则，由易到难，先培养幼儿对饮食与营养的比较概括能力，再进行分类、推理训练，才能构成思维活动的阶梯，形成一个系统的、序列化的知识整体。

7. 整合性原则

整合性原则首先表现为饮食与营养教育应是一个全面、系统的整体，它包括内容、方法、途径和场景等。饮食与营养教育的目的是引导幼儿了解各种食物及其对人生长发育、维护健康的作用和影响，所以在教育中应拓宽视野，建立整体的饮食与营养教育观念。同时，饮食与营养教育除正式的教育活动外，还可以渗透于幼儿园一日活动的其他环节中，或家庭教育中。饮食与营养教育应整合园内、园外的一切可利用资源，引导幼儿从餐桌走向农田、工厂、超市等。

另外，饮食与营养教育活动应根据幼儿的年龄特点、认知特点、兴趣爱好和个体差异等因素，合理选择教育方法，提高幼儿对饮食健康知识的理解，帮助他们养成健康的饮食习惯。

整合性原则还表现为饮食与营养教育应结合各领域的教育内容。学前儿童饮食与营养教育不仅属于幼儿健康领域的教育内容，也涉及语言、艺术、科学、社会等各领域，应将它们有机地整合起来，建立和形成统合的教育模式。例如，案例"有趣的蛋"，就是将各学科有机结合起来，既锻炼了幼儿的观察力、语言表达能力及动于操作能力，还培养了幼儿对生活和美的欣赏能力。

【案例】

有趣的蛋

早晨，韬园幼儿园的孩子们正围在餐桌前吃鸡蛋，李老师看到孩子们吃得很香，脸上露出幸福的微笑。这时候，突然有个孩子大声说："不要吃！鸡蛋里有小鸡，如果吃进肚子里，小鸡在肚子里孵出来可就坏了！"孩子们顿时愣住了。小胖甚至把已经吞了一半的鸡蛋硬生生吐了出来。李老师见状并没有着急，她灵机一动，准备和孩子们探索蛋的奥秘。她先安抚住小朋友们的情绪，让他们快乐地吃完饭，然后和孩子们讨论蛋的秘密。老师问："小鸡是怎么孵出来的呢？你们知道哪些食物是用鸡蛋做的呢？小朋友们，你们除了鸡蛋外，还知道哪些动物会生蛋吗？我们来画一只蛋吧。"

一次以"蛋"为主题的教育系列活动就这样开始了。

资料来源：太原市韬园幼儿园

二、学前儿童饮食与营养教育中应注意的问题

（一）学前儿童饮食与营养教育理念应注意的问题

现在人们的生活水平提高了，幼儿在饮食方面的选择也多了，但是许多成人对于"什么是营养""如何保证孩子获得充足的营养"等问题的理解存在着不少的误区。例如，许多家长认为鸡、鸭、鱼、肉很有营养，只要多吃就可以得到充足的营养；有人认为，营养越多越好，越多越有利于孩子的生长发育；有人认为，仅从食物中得到的营养是不够的，因此，经常给孩子补保健品。结果事与愿违，孩子出现不同程度的偏瘦或偏胖。因此，学前儿童饮食营养教育理念应当注意以下几点问题。

1. 关注幼儿的身体生育现状

目前，我国幼儿营养缺乏与营养过剩状况依然存在，迫切需要加强营养改善，提高幼儿健康水平。尽管我国幼儿的饮食营养日趋合理，健康状况得到明显改善，但幼儿营养与健康问题仍不容忽视。饮食营养教育必须针对幼儿出现的问题，有目的地选择教育的重点。例如，父母发现孩子体重和身长明显不相称时，就应想到孩子会不会营养不良，如果是因挑食引起的，就

要和幼儿园教师协同做好孩子的思想工作，讲讲全面营养的好处，挑食的危害，帮助克服挑食的坏习惯；如果是由于不讲卫生患了寄生虫病，就要尽快进行驱虫，将排出的虫子（常见的是蛔虫）给孩子看看，并告诉孩子，他之所以这样消瘦，软弱无力，精神不振，是因为虫子在体内夺取了他身上的营养，对此必须十分注意，养成良好的卫生习惯。

2. 兼顾食物和进餐的生理及文化意义

在饮食营养中，应强调幼儿的感受和经验，避免枯燥乏味的说教和毫无意义的强迫。幼儿的饭菜要色彩调和、香气扑鼻、滋味鲜美、形状诱人、器物美观，达到色、香、味、形、器的和谐统一。例如，将食物做成幼儿喜欢的形象，做辣椒的菜可换成用彩椒做，更能刺激幼儿的视觉。幼儿饮食营养教育还应不断变换烹调方式和食物的种类，以保持幼儿大脑皮质的适度兴奋来增进他们的食欲。此外，可以通过游戏活动激发幼儿对食物的兴趣，比如安排种菜、模拟超市购买食物、模拟烹饪、参观菜市场等活动，这些活动还可增加幼儿对相关文化的体验。

3. 把握个体心态与群体的平衡

美国心理学家库尔特·勒温（Kurt Lewin）根据实验得出结论：无论是训练、饮食技能还是改变饮食习惯，如果首先使个体所属的社会团体发生相应的变化，然后通过团体来改变个体的行为，这样做的效果远比直接去改变一个个具体的个体更好。即团体决定比单独做出的决定对团体中的个人有更持久的影响。在学前儿童的饮食与营养教育中也可利用群体对个体的影响，引导幼儿向自己的同伴学习，逐步改变不良的饮食习惯。

4. 把握坚持与妥协的分寸

拒绝幼儿不合理的饮食要求，可能会引发他们一系列的行为，比如他们会哭闹，或以不做某些应当做的事情相威胁。很多父母面对这些招数往往束手无策，可能坚持一会儿就妥协了，最后以孩子的胜利而告终。这通常滋长了孩子的气焰，降低了父母的威信，使孩子学会了下次还要如法炮制，结果往往后患无穷，孩子会越来越任性。

所以，父母首先要坚持原则，绝对不向孩子的不合理要求妥协，要坚持自己的立场。其次，拒绝幼儿的不合理饮食要求的方式要尽量委婉，尽量给他们摆事实、讲道理，用幼儿可以理解的方式来表达。在孩子因不合理要求被拒绝而哭闹的时候，可以采取某些方法来转移他的注意力。比如，说些别的事情，但是这种转移注意的方式应该是中性的，不应该是一种正强化。

最后，若幼儿在进食方面有进步，成人尤其是家长不应以提供非健康食物为奖励，可以用口头表扬、玩某种游戏等予以奖励。

（二）学前儿童饮食与营养教育活动设计应注意的问题

学前儿童饮食与营养教育是生活教育的一个方面，应该渗透于幼儿日常生活的每一环节。对于某些饮食与营养教育的内容，教师通过对教学活动有计划、有目的地精心设计，引导和启发幼儿理解、探索和掌握相关营养饮食知识。

学前儿童饮食与营养教育是学前儿童健康教育的内容之一，因此在制定学前儿童饮食与营养教育活动的目标之前，首先应明确学前儿童健康教育的指导思想及总目标。一个健康的幼儿，既是一个身体健全的幼儿，也是一个愉快、主动、大胆、自信、乐于交往、不怕困难的儿童。教师只有充分地尊重幼儿，使其发挥应有的主体性，才能促进幼儿更主动、积极、创造性地活动。学前儿童饮食与营养教育应在活动设计上努力将幼儿的兴趣性、需要性与健康保证的必要性相结合，使学前儿童饮食与营养教育为健康教育增添动力。

1. 活动目标

《幼儿园教育指导纲要（试行）》提出4条幼儿园健康领域总目标，分别是：

（1）身体健康，在集体生活中情绪安定、愉快；

（2）生活、卫生习惯良好，有基本的生活自理能力；

（3）知道必要的安全保健常识，学习保护自己；

（4）喜欢参加体育活动，动作协调、灵活。

学前儿童饮食与营养教育是学前儿童健康教育的一个方面，所以在制订饮食健康教育目标时要依据健康教育总目标，通过教育实践划分年龄阶段目标，以3～6岁幼儿的身心发展特征为依据确定教育目标，对3～6岁的幼儿提出不同层次的要求，这也是针对同年龄幼儿的一般要求。

2. 活动内容

学前儿童饮食与营养教育的内容应根据其教育目标进行选择，要符合不同年龄阶段儿童的认知特点、兴趣需要，还要考虑涉及领域的全面性。因此，学前儿童饮食与营养教育的内容不仅包括有关食物名称、形状、颜色、性质的知识，还应包括营养素与身体健康的关系，建立良好饮食行为，养成良好饮食习惯，掌握饮食方法和技能，了解饮食文化和不同地域的饮食风俗，掌握基本的饮食礼仪，以及了解简单的食物烹调方法等内容。由上文可知，学前儿童饮食与营养教育不但知识内容多样，教育的内容也涉及广泛领域，包括语言、艺术、科学、社会等。

3. 活动准备

充分的准备是开展教育的基础。学前儿童饮食与营养教育活动的开展需要多方全面充分的准备，包括教师的准备、幼儿的准备、环境资源的准备等。教师的准备包括：对教育活动内容、方法、模式进行选择；相关知识和技能的准备；对教育活动发展变化的心理准备等。幼儿的准备包括：与活动相关的知识能力的准备；对活动内容兴趣和探究愿望的准备；与活动相关的心理过程的准备，如感知、注意、思维等的发展状况要与教育活动相适应。环境资源的准备包括：活动需要的相应物质材料的准备；活动场地的准备，有的教育活动在园内或课堂上就能完成，而有的教育活动要到园外完成。

4. 组织方法

有效的教学方法应与受教育者的年龄特点、心理发展特点及教育内容相适应。因此，在学前儿童饮食与营养教育活动中，针对不同发展阶段的幼儿，教学方法的组织应考虑多样性、趣味性和有效性。对年龄较小的幼儿，具体形象认知占优势，模仿是主要的学习手段，练习、演示、游戏、表演、操作等都能有效地激发儿童参与的热情。针对他们所熟悉的事件展开讨论则比较适合年龄较大的幼儿。

5. 活动过程

在学前儿童饮食与营养教育活动过程设计中，组织形式的巧思、主要环节的架构、教学方法的选用、关键提问的巧设、环境材料的支持、细节设计的细思等均是值得教师关注的方面。活动过程就是要将活动设计转化为幼儿的发展，这需要教师在操作层面上注意以下要素。

（1）环节结构详略得当、重点突出。根据目标确定本次活动的重点与难点，并在设计环节中凸显，找准活动中的重点环节，详细考虑设计方法，如在活动时间的安排等方面均可仔细思考并体现活动重点。

（2）环节架构层次分明、思路清晰。当重点教学环节确立之后，教师就要考虑每个环节的安排与推进，即先上什么，后上什么。帮助儿童不断梳理已有经验、提升新经验。例如，在实践活动"小小送货员"中，教师可以从幼儿园的送货游戏开始，让幼儿在前期获得直接的经验或者问题的基础上，对于活动过程中出现的问题进行讨论，由问题逐步推进，最后帮助孩子梳理送货经验——送货员要细心、有礼貌、克服困难等。孩子从感受到关注，再到感悟，不断接受挑战，从而调动已有的认知经验，在原有水平上不断进步，最终实现目标。

（3）环节衔接自然流畅、过渡无痕。大环节设计好后，教学细节的设计也不能忽视。教学细节是外现的教学行为实践的最小单位，是教师在教学过程中围绕教学所发出的一系列连续不断的具体行为，表现为多样的形式和复杂的结构，形成于特定的教学情境中，具有独立的教学价值和意义。

6. 组织形式

学前儿童饮食与营养教育活动的组织形式应根据活动内容、材料、场地等各种因素，将集体教育、小组活动与个别指导相结合。丰富多样的组织形式能够更好地调动幼儿的学习兴趣，提供更多师幼互动、幼幼互动的机会，从而提高教学活动的效果。例如，集体活动适合于帮助幼儿理解知识和掌握技能；小组活动便于操作活动的展开和教师指导；个别交流能让教师与个别幼儿更好地互动与交流，对个别幼儿进行有效指导。

学前儿童饮食与营养教育是一项综合的教育活动，在活动中教师既要帮助幼儿认识事物，又要帮助他们理解营养与健康的关系、建立良好的饮食行为习惯、掌握饮食技能、知晓饮食文化等。教师既要保证教学方法和形式的多样，又要保证内容组织的科学合理，促进幼儿综合能力的发展。

【实践项目】

实践项目一：小小配餐师（大班）

一、活动目标

（1）幼儿知道人们需要吃不同的食物，才能营养全面，有利于身体健康，养成不挑食的习惯。

（2）幼儿初步学会合理搭配一餐的饭菜，知道要有荤有素、有菜有主食等。

（3）幼儿能分析评价自己和别人的配餐。

二、活动准备

（1）教师了解幼儿平时的饮食习惯，幼儿具备一些关于荤菜、素菜有不同营养的经验。

（2）简易模拟自助餐厅的环境，准备不同类的多种食物教具各一盘，如肉、鱼、青菜、萝卜等。

（3）评选用的红牌每人两个。

三、活动过程

---

1. 教师激发幼儿参加自助餐的兴趣

（1）教师以经理的身份出现，介绍自助餐厅，引起幼儿兴趣。

（2）教师介绍自助餐厅中的各种食物、餐具及使用方法。

2. 幼儿自选食物，评析合理的配餐

（1）教师请幼儿自选食物搭配一餐的饭菜。

（2）幼儿互相介绍自己的配餐，共同讨论出合理搭配饭菜的原则。教师引导幼儿共同讨论，知道合理配餐应符合荤素搭配、荤菜不宜太多、有一定量的素菜、有主食等原则才能营养全面，对身体健康有益。教师出示一份不合理的配餐让幼儿分析，加深幼儿对合理搭配食物的理解。

3. 幼儿调整配餐

（1）教师请幼儿根据配餐原则评价自己的配餐少了什么，多了什么。

（2）幼儿再次自选食物，调整配餐。

（3）教师开展评选"最佳配餐"的活动，引导幼儿认真观察其他小朋友搭配饭菜，根据配餐原则给认为搭配合适的饭菜发红牌。

（4）共同讨论评选理由。

4. 幼儿回家后

教师激发幼儿回家后能根据合理搭配食物的原则，提醒父母为全家提供符合营养要求的饭菜。

四、活动延伸

（1）教师利用午餐时间，准备各种饭菜请幼儿真实地进行一次自助活动，继续培养幼儿能主动根据配餐原则选择搭配食物。

（2）教师请幼儿回家与父母一起讨论思考一日三餐的配餐如何更加合理，符合营养要求。

（3）教师与家长联系，使家长与幼儿园共同配合，帮助幼儿克服不良的饮食习惯，并逐渐养成自觉地根据合理搭配食物的原则选择进餐食物的良好饮食习惯。

五、活动评析

教师把自己打扮成一个餐厅经理的模样，设置一种全新的情景，首先激发孩子的兴趣，然后真的融入情境中。大班的孩子有了一定的知识储备，给他们提供的食品并非真的实物，而是图片、模型、文字等。因为大班有的孩子已经有了非常大的识字量，提供不同层次的材料，这样也有助于每个孩子都能得到相应的成功。在此活动中，教师两次引导他们进行配餐，促进他们对合理膳食有进一步的认知。教师在此环节中只是一步步的引导孩子，让他们把正确的搭配变成他们自己的需要。评选"最佳配餐"也是幼儿对知识进行内化的过程。教师没有更多地参与整个过程，主要鼓励孩子们自己去讨论，自己去根据配餐原则去解决问题，我们应该相信孩子，他们有能力去完成。

实践项目二：绿色食品（大班）

一、活动目标

（1）幼儿认识绿色食品标志，知道绿色食品是纯天然、无污染的健康食品。

（2）幼儿知道只有有了干净的水源、纯净的空气，有了树木、草地的保护才会生产更多的绿色健康食品。

（3）幼儿树立初步的环境保护意识。

二、活动准备

（1）课件。

（2）绿色食品的标志一个，绿色食品和非绿色食品的字卡三张。

（3）绿色食品和非绿色食品若干。

三、活动过程

---

1. 认识绿色标志

（1）教师示范画，请幼儿猜，教师引导。

（2）教师向幼儿讲解标志上图案表示什么以及它所蕴含的意义。

---

2. 区分绿色食品和非绿色食品

（1）幼儿依次从篮子里选择一种食物进行分辨。

（2）幼儿依次说出自己的选择和理由，绿色食品的放在有绿色食品字卡的一边，把非绿色食品放在有非绿色食品字卡的一边。

（3）小结

绿色食品不是指绿颜色的食品，只有印有绿色食品标志的食品才是绿色食品。

3. 了解绿色食品的生产标准

（1）幼儿对比食品，了解生产绿色食品的条件。

① 同品牌的盐对比，了解生产过程要求——不添加食品添加剂。

② 同类型的食品对比，了解种植过程要求——不用农药、化肥。

③ 牧场图片观察，了解绿色食品的环境要求——绿色的环境。

④ 进一步加深对标志的认识。

（2）小结

4. 创造绿色环境从我做起

（1）提问：这农田里生产的东西能加工成绿色食品吗？为什么？

（2）讨论：在我们身边也有许多环境被污染的现象，我们应该怎样做呢？

5. 延伸（认识 A 级绿色食品标识与 AA 级绿色食品标志的区别）

四、活动评析

本次活动的主要目标是幼儿认识绿色食品标志，知道绿色食品是纯天然、无污染的健康食品；通过活动，幼儿知道只有有了干净的水源、纯净的空气，有了树木、草地的保护才会生产更多的绿色健康食品。通过这次活动，幼儿也认识到了零食对身体的危害，意识到了保护身体的重要性，基本完成了活动目标。由于幼儿年龄小，自制力弱，要求幼儿自觉选择绿色食品，还有一定的难度，还需要老师和家长共同配合，耐心地正确引导幼儿。

实践项目三：好吃又营养的蔬菜（中班）

一、活动目标

（1）幼儿通过认识蔬菜的外形特征，了解蔬菜的不同食用部分。

（2）幼儿按不同的食用部分给蔬菜分类（如根类、茎叶类、果实类），发展分类能力。

（3）幼儿认识到蔬菜好吃又有营养，好好吃饭不挑食。

二、活动准备

（1）与内容有关的课件。

（2）胡萝卜、黄瓜、白菜、土豆、花菜等实物若干；蔬菜宝宝图片若干，数量与幼儿数量相等。

三、活动过程

1. 教师设置情境，激发幼儿探究兴趣

（1）幼儿邀请一群蔬菜宝宝来做客。

（2）幼儿观看各种蔬菜图片或实物。教师提问：你们认识这些蔬菜宝宝吗？你喜欢吃哪一种蔬菜？这些蔬菜中，可以吃的部分是什么？

（3）教师出示一幅完整的植物生长图，知道植物的身体是由根、茎、叶、花、果实5部分组成的。

2. 教师逐一出示各种蔬菜宝宝，通过猜谜游戏了解蔬菜

（1）红漆桶，地下埋，绿的叶子顶上裁，切开红漆桶，清凉可口好小菜。（谜底：胡萝卜）教师请幼儿说一说胡萝卜的样子，如形状、颜色。告诉孩子们胡萝卜可以生吃也可以做菜。教师告诉幼儿胡萝卜还有"土人参"之说，因为胡萝卜中含有淀粉酶，能帮助消化，有利于人的身体健康，吃胡萝卜还可以补充维生素。

教师："我们应该吃它的哪一部分？（根）"还有什么蔬菜我们可以吃它的根？"（红薯）

（2）瘦长的身材，翠绿的皮肤，全身是疙瘩，丑了自己美了别人。（谜底：黄瓜）

教师："那我们应该吃黄瓜的哪一部分？"（果实）"还有什么蔬菜是吃它的果实部分？"（番茄、茄子、辣椒、南瓜、冬瓜、豆荚）

（3）教师："看图中是什么蔬菜？"（白菜）教师可以说说白菜的样子。"我们该吃它的哪一部分？"（叶）"还有什么蔬菜我们吃它的叶？"（菠菜、油菜）

（4）教师："这是什么？"（土豆，也叫洋芋或马铃薯）"土豆发芽后有毒，不能吃，如果芽很小，可以把芽和周围的果肉削干净，才可以吃。我们吃土豆的茎。"

（5）教师考考幼儿："小朋友们，平时吃我的哪一部分？"（看课件）

3. 教师让幼儿了解蔬菜的营养价值，教育幼儿不要挑食

蔬菜营养丰富，含有多种维生素。多吃蔬菜有助于身体健康，能使小朋友们长得更高、更快、更聪明。因此，幼儿平时不能挑食。

四、活动评析

本次活动题材贴近孩子生活，由于孩子对蔬菜都很了解；他们有经验，所以有话可说、也愿意说。在活动中幼儿观察认识了各种各样的蔬菜，并进一步学会了分类。本次活动促进幼儿认知、能力、情感三方面都得以发展；活动过程层次清楚、简洁明了；操作法、游戏法、讨论法、观察法等交替使用，符合幼儿认知特点。在内容安排上，教师注意从日常生活经验入手，符合"最近发展区"的教育原则；教师重视情感教育，使整个活动气氛活跃，并将幼儿喜欢吃各种蔬菜的情感激发到最佳状态。

实践项目四：食物宝宝找朋友（大班）

一、活动目标

（1）幼儿认识更多水果、蔬菜、粮食，并进行正确分类。

（2）幼儿喜欢吃这些食物，养成不挑食的习惯。

（3）幼儿锻炼逻辑思维能力、识别能力。

二、活动准备

（1）3张房子的图片，若干食物的图片。

（2）多媒体课件，食物图片，儿歌《找朋友》。

（3）食物头饰若干。

三、活动过程

---

1. 语言导入

教师："小朋友们，今天老师要带你们去一个神奇的地方，想不想知道是什么地方呀？""今天老师要带大家去食物王国参加聚会，用一句口诀'芝麻芝麻，快开门'。"

2. 进入课题

教师："我们来到食物王国了，怎么没有人呢？只见3座小房子，上面还有字（水果、蔬菜、粮食），小朋友认识吗？"

3. 展示图片

教师："哦，原来这些小房子是水果宝宝、蔬菜宝宝、粮食宝宝的家，那宝宝们在哪里呢？"教师展示准备好的图片，再鼓励幼儿把食物图片分类贴在房子上，幼儿贴好后，教师进行点评。

4. 拓展思维

教师："哇！来了这么多食物宝宝，请小朋友们想一想还有哪些食物宝宝没有来啊？"通过搜集的相片让大家看一看（教师出示图片，供幼儿欣赏）。

5. 游戏巩固

幼儿戴上食物头饰，按照教师制订的游戏规则去做游戏。教师先选各类宝宝的代表，然后他们跟着儿歌《找朋友》一起做游戏，每个代表都各自去找属于自己同类的食物宝宝做朋友，找到后把他们带回家，看谁找得对。

> 6. 进行评比
>
> 7. 活动结束
>
> 幼儿认识了这么多食物，同时也能将食物分类，教师教育幼儿多吃蔬菜、水果，这样才能健康成长。

四、活动评析

通过这个游戏活动的学习，幼儿认识了更多的蔬菜和水果，并知道食用它们的益处，也加强幼儿对这些食物的认识，帮助改掉挑食的坏习惯。只有多吃这些食物才能使我们的身体健康成长。

【本章小结】

◆ 学前儿童饮食营养教育的作用不但在于营养本身的价值，而且对学前儿童的全面发展具有积极的意义。

◆ 在学前儿童饮食营养教育中，要遵循以下原则：需要性原则、可行性原则、安全性原则、一致性原则、直接性原则、序列性原则、整合性原则。

◆ 学前儿童饮食与营养教育的具体内容包括：认识食物的名称、形状、色彩和性质；知道营养与人体健康的关系；建立良好的饮食行为习惯；掌握饮食的方法和技能。

【本章练习】

一、思考题

1. 试述学前儿童饮食营养教育的价值。

2. 简述学前儿童饮食营养教育的内容。

3. 学前儿童饮食营养教育应遵循哪些原则？

4. 举例说明学前儿童饮食营养教育的方法和途径。

二、实操题

设计一个学前儿童饮食营养教育活动的方案并做活动展示。

第六章

学前儿童体育

【本章学习目标】

◆ 明确学前儿童体育的内涵及价值；

◆ 掌握学前儿童体育活动的基本内容；

◆ 掌握学前儿童体育活动的实施。

学前期是幼儿身体发育的重要时期，也是其心理发展的重要时期。学前儿童体育对幼儿的认知、情感的发展及个性的形成有着重要的影响。科学安排幼儿的体育活动，对增强幼儿的体质，提高身体素质，增进健康水平，更好地适应未来社会的发展，具有重要而深远的意义。

【引导案例】

下雪天

下雪啦！一夜之间，世界一片银装素裹。张老师早早来到幼儿园，准备迎接小朋友入园，心想着，这下子小朋友们可以好好玩雪啦！这一天，来幼儿园的孩子们一个个裹得严严实实的，像一个个"小粽子"，只剩下一双眼睛。家长们更是千叮咛万嘱咐：别让孩子出去玩，容易感冒；孩子出去活动可千万别摔着……张老师嘴上答应着，心里却不由得忧虑：下雪天孩子户外运动确实得注意安全，但是孩子们的身体也需要在自然的天地中多多锻炼才能健康成长，一场大雪就开启冬眠模式，这样能有强壮的身体吗？

第一节　学前儿童体育概述

一、学前儿童体育的内涵

"体育"一词，有着广义和狭义之分。广义的体育，指现代体育，它是社会文化的组成部分，是一种社会活动，旨在增强人的体质，提高运动技术水平，丰富社会文化生活。根据人们所从事体育活动的具体目的不同，现代体育通常包括竞技体育、大众体育以及学校体育。狭义的体育指学校系统的体育，它是实现人的全面发展教育的重要组成部分，即按照年轻一代生长发育的特点与基本规律，以促进其正常的生长发育、增强体质、提高健康水平为目的所进行的一系列教育活动。

学前儿童体育的性质类似于学校体育，但又具有其独特性。学前儿童体育是在遵循 3～6 岁幼儿身心发展的特点和规律的基础上，融保育与教育为一体的特殊的教育领域。学前儿童体育活动以游戏为基本活动形式，注重个体差异，不搞达标和测验。因此，学前儿童体育的目的在于培养幼儿自主参与体育锻炼的兴趣和良好习惯，体验运动快乐，增强体质，发展身心素质和初步的运动能力，提高健康水平，为一生的可持续发展奠定基础。

二、学前儿童体育活动的价值

体育活动不仅能促进幼儿身体的健康发展，同时对幼儿的心理以及社会性的发展都具有积极的影响作用。因此，在健康教育工作中要充分认识、肯定和挖掘体育的价值，为培养健康、和谐的幼儿而努力。

1. 有助于幼儿身心发展

我国著名的教育家陈鹤琴曾说过："小孩子生来是好动的，是以游戏为生命的。"的确，学前儿童正处于大脑发育旺盛的时期，适当的体育活动和心理活动的有机结合，有利于幼儿大脑的发育。让幼儿处于一个动态的体育活动中，尽情地发挥自己的能力和优势；让幼儿的内在世界与外在环境相互作用，相互影响，促进幼儿的身心发展。特别是当幼儿在游戏中体验到自己是独特的，有能力的，在游戏中不断地给自己定位，并进行自我引导，如此一来，孩子在感受环境的同时，环境也在不断地塑造孩子。在游戏活动中，幼儿的心理逐渐过渡到一个新的、更高的阶段。

2. 有助于幼儿认知能力的发展

认知是幼儿获得认识的过程，当幼儿积极构建、理解以及改变他所处的环境时，认知便自然地发生。幼儿在游戏所设定的情境中通过切身的体验、观察，发挥自己的推断能力、行为能力和探索能力，不断扩大知识和经验，认知能力也就得到了提高。在体育活动中，由于环境和条件都是动态的、灵活多变的，幼儿在感兴趣的游戏中积极主动地参与，并做出相应的判断和选择，这就为幼儿创造性思维活动的发展提供了条件。体育游戏还可以促进幼儿想象力和语言表达能力的发展。幼儿在玩乐的过程中接受新知识，吸取新信息。现代教育学、心理学的研究成果揭示：游戏是幼儿认识世界的道路，是幼儿通过实际行动探索周围世界的一种积极活动。游戏适应幼儿心理发展的需要，符合心理发展的水平，对幼儿心理发展起着极其重要的作用。

3. 有助于幼儿情绪、情感的发展

幼儿在活动中所表达出来的喜怒哀乐是他们对外界环境的理解、联系和回应，是幼儿情绪、情感的表达。在体育游戏中，幼儿可以自由地表达自己的情绪体验，如成功的喜悦，失败的沮丧。在这些情绪体验中逐渐培养自己的社会行为和自信心，消除畏缩的行为。在体育游戏中，不同的动作会使儿童获得不同的感官刺激，大大加快了大脑髓鞘进化的过程，从而能够较好地调节和控制情绪、情感，使儿童形成开朗的性格，产生良好的情感体验。同时在活动的过程中，成人只要细心观察就会发现孩子的个性特征，从而可以给予针对性的教育，这对其个性的形成具有重要的意义。

4. 有助于幼儿良好意志品质的发展

意志是指人自觉地确定目的，有意识地根据目的调节和支配行动，努力克服困难，实现目标的心理过程。认知过程是意志形成的前提和基础，积极的情感是意志行动的动力。体育锻炼能够激发幼儿积极的情绪，使幼儿在锻炼中意志得到发展。

5. 有助于消除幼儿心理障碍，培养其独立自主人格

在学前儿童体育活动开展的过程中难免有些幼儿表现出畏惧，积极性不高，不合群等心理障碍。当然这些现象都是正常存在的，而体育活动本身正是解决这些问题的最好方式。在体育活动的过程中，教师鼓励幼儿进行创新性的探索、尝试，勇敢地战胜困难，逐渐培养他们坚强

勇敢的个性特征。幼儿通过克服困难获得成功的体验，从而增强自己的自信心；在班级团体活动中互助、协作，从而培养合作意识和团队精神。教师是幼儿体育开展的主导者，在引导的过程中一定要善于运用夸赞、鼓励的口头语言和肢体语言。

第二节 学前儿童体育活动的基本内容

学前儿童体育活动的基本内容包括学前儿童基本动作的练习、学前儿童基本体操的练习、学前儿童体育游戏、学前儿童运动器械的练习。下面具体说明。

一、学前儿童基本动作的练习

基本动作，即人体的基本活动能力，是指人们在日常生活和社会实践活动中所必需的、最基本的身体运动的技能。基本动作是学前儿童体育活动的主要内容之一，包括走、跑、跳、投掷、钻、爬和攀登等。基本动作的作用包括：促进身体生长发育；发展力量、速度、耐力、平衡、协调和灵敏等身体素质；促进幼儿不断改进走、跑、跳、投等基本动作的质量；获得有关的知识，提高智力水平；培养勇敢、果断、灵敏、灵活、积极向上、团结友爱等优良品质。基本动作的类型分周期型（走、跑、爬、攀登等）和非周期型（跳、投、钻等）。

1. 走步

经常步行或进行一定距离的行走，可以有效地锻炼下肢部位的肌肉、骨骼、关节和韧带。

走步的相关游戏：排队走步游戏；走步竞赛游戏；其他走步游戏。

（1）走步的特点与基本要求。①动作放松、自然，上体保持正直；②有合理而稳定的节奏，步幅适中，步频适度；③两脚落地要轻，脚尖稍向正前方，避免"内八字步"或"外八字步"；④两臂适度地前后自然摆动；⑤在集体走步时，学会保持前后适宜的距离。

（2）走步练习的指导要点。①为幼儿提供一个安全的环境，在幼儿学习和练习走步的过程中加强安全保护；②鼓励幼儿大胆实践；③利用各种条件，帮助幼儿学会独立行走；④对3岁以上的幼儿，应重视培养其走步的正确姿势。

2. 跑步

幼儿在跑步过程中，能积累有关时间和空间的经验，从而促使时间知觉和空间知觉的发展。

跑步的相关游戏：直线追逐跑；往返跑；圆圈跑；曲线跑；接力跑。

（1）跑步的特点与基本要求。①上体正直，稍向前倾；②要有蹬地和腾空的阶段，脚落地时要轻，快跑时会用力蹬地；③两手轻轻握拳，两臂屈肘于体侧前后自然摆动。

（2）跑步练习的指导要点。①根据幼儿的身体状况、年龄特点以及季节气候等因素，选择适宜的跑步类型，并合理安排活动量；②要求幼儿跑步时"步子大些，落地轻些"，以发展幼儿的跑步能力，并保护幼儿的身体健康；③要求幼儿在跑步前要做好充分的身体准备，尤其是下肢与脚部的肌肉、关节和韧带；④注意对幼儿快跑活动的时间和强度进行控制，避免他们过于疲劳，快跑后应安排放松、整理的动作，以利于心率的恢复和心脏的健康；⑤跑步中提醒幼儿注意安全，如及时躲闪、不相互碰撞等；⑥教会幼儿跑步中使用正确的呼吸方法，呼吸自然而有节奏，如使用鼻子呼吸或鼻子吸气、嘴巴呼气。

3. 跳跃

幼儿通过参加各种跳跃活动，可以增强腿部的肌肉力量，发展弹跳力、爆发力以及身体的灵敏性、协调性等多种身体素质，另外对视觉运动能力的发展也有积极的作用。

跳跃的相关游戏：双脚向上跳游戏；双脚向前跳游戏；单脚连续跳游戏；跨跳游戏；向下跳游戏；跳绳、跳圈、跳竹竿。

（1）跳跃的特点与基本要求。①跳跃的蹬地动作要有力、快速，落地动作要轻；②落地时为保持身体平衡可以弯曲下肢关节，还可以顺势向前方跨一步或几步等。

（2）跳跃练习的指导要点。①为幼儿提供适宜的活动场地，避免在坚硬的地面上进行跳跃动作的练习；②根据不同种类跳跃动作的需要，给予相应的指导。例如，教师在指导幼儿进行双脚连续向前跳（学小兔子跳）时，重点应放在轻轻落地的动作要求上；在指导幼儿进行立定跳远时，重点应强调摆臂动作协调而有力，蹬地动作快而有力；在指导幼儿进行侧跳练习时，重点应教会幼儿如何在跳跃的过程中变换身体的方向。

4. 投掷

投掷可以发展力量、柔韧和协调等运动素质，力度和速度知觉。

投掷活动的相关游戏："投沙包"。

"投沙包"游戏是幼儿喜爱的，经常玩的投掷游戏。

5. 攀登

攀登可以增强幼儿四肢的肌肉力量，发展平衡性、协调性和灵敏性等多种身体素质，可以提高幼儿的空间知觉能力，同时还能培养幼儿沉着、勇敢、顽强、谨慎的心理品质以及自信心和独立性。

（1）攀登的特点与基本要求。①幼儿阶段一般进行双脚攀登的动作练习和双手双脚共同攀登的动作练习；②攀登时需正确握住横木，以保证安全，其动作要领是大拇指与其他四指分开握住横木。

（2）攀登练习的指导要点。①教师指导幼儿掌握手握横木的正确动作；②在幼儿攀登的过程中，成人既要注意保护幼儿，又要引导幼儿懂得有秩序地攀登，并帮助幼儿学会躲避危险，提高自我保护的能力；③在进行攀登活动中，避免幼儿因求胜心切而忽视活动的安全性；④当幼儿登上攀登设备后，教师可以鼓励幼儿在保证安全的情况下，适当地观察一下周围的空间环境，体验攀登过程的艰辛和乐趣，丰富幼儿的运动经验，增强幼儿的自信心。

6. 钻

钻可以增强幼儿腿部和腰背部的肌肉力量，发展幼儿身体动作的灵敏性、柔韧性和平衡性。

（1）钻的特点与基本要求。①正面钻时，要求身体面向障碍物，屈膝下蹲，紧缩身体；

②侧面钻时，动作上除了与正面钻有类似之处（低头、弯腰、紧缩身体）外，要求身体侧对障碍物，同时需要注意两腿屈与伸的交替以及身体重心的移动。

（2）钻的练习的指导要点。①在进行钻的练习时，教师所提供的辅助器械的高低要适宜，促使幼儿运用相应的身体动作。例如，用于正面钻的器械的空隙应在幼儿的胸部以上、耳部以下，宽度要大于幼儿的体宽；而用于侧面钻的器械的空隙则应该在幼儿的胸部以下。②教师可以充分利用废旧材料开展钻的活动，这样既能满足幼儿活动的需要，又能激发幼儿的好奇心和探索精神，如利用包装用的硬纸盒、废旧的车轮胎等。

7. 爬

爬可以增强幼儿四肢肌肉力量以及背部肌肉和腹部肌肉力量，并能提高幼儿动作的灵敏性和协调性。

手指操（成人）

（1）爬的特点与基本要求。①动作要灵活、协调；②动作要有一定的节奏性。

（2）爬行练习的指导要点。①创造条件鼓励幼儿多练习爬的动作；②引导幼儿练习各种形式的爬的动作，并逐渐提出新的要求，增加动作的难度，注意发展幼儿动作的灵敏性和协调性。

手指操（幼儿）

上述基本动作的练习，不仅可以发展幼儿的基本活动能力，同时也可提高和发展幼儿的身体素质，从根本上促进幼儿身体机能的协调发展，增强幼儿的体质。

此外，幼儿小肌肉的发展也不容忽视，尤其是手部肌肉的训练。手指操就是一种简单有效易操作的训练方式。此外，传统的"翻绳游戏"对手部肌

翻绳游戏

肉的发展也很有益处。

二、学前儿童基本体操的练习

学前儿童的基本体操，是锻炼学前儿童身体，促进他们机体协调发展的一种形式简便、易于普及的动作练习。根据学前儿童的年龄特点，基本体操可以分为婴儿体操和幼儿体操，3～6岁学前儿童练习的是幼儿基本体操。

1. 幼儿基本体操的类型及其特点

幼儿基本体操是由体操动作的练习以及排队和变换队形两部分组成的。

（1）体操动作的练习。幼儿通过体操动作的练习，可以活动和锻炼肌肉、关节及韧带，促进力量、柔韧、平衡、协调等多种身体素质的发展，培养正确的身体姿态和一定的节奏感，发展空间知觉和时间知觉等。幼儿体操动作的类型主要包括徒手体操和器械体操。

① 徒手体操。这是根据人体各部位的特点，按照一定的程序，由举、振、屈与伸、转、绕与绕环、蹲、跳跃等一系列的徒手动作所组成的动作练习。幼儿徒手体操主要包括徒手操、模仿操、拍手操、韵律操、武术操等。

② 器械体操。这是指借助一定的器械所做的体操动作。器械体操又可分为轻器械操（如哑铃操、小旗操、棍棒操等）和辅助器械操（如椅子操、垫子操、皮筋操等）。其中轻器械操在幼儿园中较多地被使用。轻器械操，即幼儿在徒手操的基础上，手持较轻的器械完成各种体操动作。轻器械操除了具有徒手体操的动作要求外，还需要根据所持器械的特点，做一些特殊的体操动作。这样，随着体操动作的难度加大，活动量也加大，同时还提高了幼儿参与活动的兴趣和积极性。幼儿轻器械操一般适用于4～6岁的幼儿。教师应该注意的是，所选用的器械材料必须安全，体积和重量也要适合于幼儿的年龄特点，以使幼儿练习时感到灵活、方便。

（2）排队和变换队形。排队和变换队形是指全体幼儿按照统一的口令，站成一定的队形，做相对协同一致的队列动作。进行排队和变换队形的练习，能培养幼儿的团队意识和集体观念，以及迅速、整齐、统一行事的良好习惯，同时促进幼儿形成正确的身体姿势，发展空间知觉。

跳皮筋

① 排队和变换队形练习中的口令，一般由预令和动令组成。例如，"向前看齐"的口令中，"向前看"是预令，"齐"是动令；但也有口令中没有预令的，如"立正""稍息"等。教师在喊口令时，预令要稍微拉长一些，给幼儿一个准备时间，使幼儿明确他们将要做什么动作；而动令则要短促、果断和有力。

② 幼儿基本的排队动作主要包括：立正、稍息、向前看齐、手放下、原地踏步走、齐步走、跑步走、向左（右、后）转、立定等。幼儿基本的队形变换有：走成一路纵队、走成圆圈队形、分队走、并队走等。但在进行排队和变换队形的练习中，教师不应过分地强调幼儿动作上的步调一致，如要求统一先出哪一只脚，后出哪一只脚等；也不要过分要求幼儿掌握复杂的队形变换，因为幼儿空间知觉的发展水平还很有限。同时，要避免让幼儿进行枯燥、单调、重复的练习，因为这样会使幼儿产生厌烦情绪，影响幼儿参与活动的积极性，而且也容易导致幼儿身体过于疲劳。

2. 选择和创编幼儿体操动作的基本要求

体操动作的创编，是艺术和体育结合的过程。它既要符合体育锻炼的要求，又要体现艺术美的特点，在幼儿体操的创编中就更是如此。

（1）依据年龄特点。总体上，幼儿的体操动作应简单易学、活泼可爱、协调优美、节奏鲜明，并具有较好的锻炼价值。同时，由于不同年龄段的幼儿身心发展水平和特点存在一定差异，因此，体操动作的类型、节数、拍数、活动量、节奏等在选择上也要有所不同。

（2）注重全面锻炼。一套较好的幼儿体操动作，应能全面锻炼幼儿身体的各部分肌肉、骨髓、关节和韧带，同时使幼儿动作的灵敏性、平衡性、柔韧性和协调性得到全面地发展。

（3）遵循动作程序。成套幼儿体操动作的程序是：上肢或四肢的伸展动作——扩胸、转体动作——腹背动作——下肢及全身动作——放松、整理动作。整套动作的活动量也应先由小到较大，再由较大到小。

（4）配有伴奏乐曲。合理的伴奏乐曲能增强幼儿练习的兴趣，提高幼儿体操动作的质量。伴奏乐曲要与每节动作的强度、节拍特点相适应，节奏要鲜明，音乐与动作在时间上保持一致。

创编幼儿体操

配乐举例：《刨冰进行曲》。

三、学前儿童体育游戏

体育游戏，也称运动性游戏或活动性游戏。体育游戏可以使幼儿获得良好的情绪体验，锻炼幼儿身体，培养幼儿良好的品质和社会适应能力，促进幼儿认知能力的发展。

1. 学前儿童各年龄阶段体育游戏的特点

了解和掌握各个不同年龄阶段幼儿在体育游戏活动中的特点，才能组织和带领幼儿玩好体育游戏，享受体育游戏的乐趣。

（1）3～4岁幼儿体育游戏的特点。3～4岁幼儿体育游戏的内容和动作均比较简单，活动量较小；多是有具体情节和角色的游戏，情节较单一，角色不多，通常是幼儿非常熟悉的角色，主要角色一般由教师来担任；常常是全体幼儿同做一种动作或完成一两项任务；游戏的规则也很简单，一般不带有限制性；幼儿对游戏的结果不太注意，没有较强的胜负意识，所以游戏通常以皆大欢喜的方式结束。

（2）4～5岁幼儿体育游戏的特点。4～5岁幼儿体育游戏的内容和动作则有了发展，幼儿喜欢情节较复杂的游戏和活动量较大的追逐性游戏；游戏的角色也有所增多，主要角色可以由幼儿自己来担任，同时也增加了一些无情节的游戏；游戏的规则较严格，带有一定的限制性；出现了两人或小组的合作性游戏；幼儿对游戏的结果已开始在意，喜欢自己获胜。

（3）5～6岁幼儿体育游戏的特点。5～6岁幼儿体育游戏的动作增多、难度加大，游戏的活动量也增大；幼儿喜欢竞赛性的游戏以及需要体力与智力相结合的游戏；游戏的角色和情节的关系可以更加复杂；游戏的规则也可以更为复杂，限制性可以更强；合作性的游戏增多；幼儿对游戏的结果很关注，喜欢有胜负结果的体育游戏。

2. 选择和创编体育游戏的基本要求

幼儿园中进行的体育游戏，是需要进行选择和创编的，应当符合一些基本的要求，具体如下。

（1）具有明确目的。体育游戏应对幼儿的身体素质、基本活动能力和个性品质等方面的发展提出明确的目的和要求。游戏的目的在游戏中具有定向的作用，是确定游戏内容、游戏过程、活动方式以及游戏规则等方面的主要依据。

首先，游戏目标必须从幼儿已有的水平出发，最终促进幼儿达到新的发展水平。其次，目标内容应从幼儿的活动参与（态度）、身体发展（技能）、心理健康（情感）和社会适应四个方面来选择确定，避免单纯以身体发展为唯一目标，以及太抽象、太笼统、不具体、不切实际的要求。再次，应尽量运用幼儿体育活动时的行为来表述游戏目标。如中班"拍球比多"游戏的目标是：体验和感受球性，尝试单手连续拍球的方法，感受"拍球比多"的快乐，培养玩球的兴趣。

（2）针对年龄特点。体育游戏的动作内容，体育游戏的情节、角色和规则，体育游戏的活动量，体育游戏的组织与活动方式等方面，都需要考虑幼儿的实际水平、年龄特点和游戏时的具体情况，尽可能做到既能吸引幼儿、激发幼儿参与活动的兴趣，又能通过游戏达到预期的教育与发展目的。

（3）选用适宜材料。教师应充分利用幼儿园现有的物质资源，因地制宜地选择和创编切实可行的游戏活动。同时，教师可以自己动手，利用废旧资源，制作出价廉物美的游戏材料。如利用各种球、绳、圈、棍、沙包、钻架等大、中、小型运动器械的体育游戏活动；利用水、土、沙子、石头、冰雪、山坡、田野等自然环境条件的各种体育游戏活动；利用各种舞龙、斗鸡、跳竹竿、荡秋千等民族、民间地域性体育游戏活动。

（4）逐渐提高难度。体育游戏的选择要充分考虑幼儿的认知特点和身体机能的发展水平，从容易、简单的开始，逐渐过渡到较难、较复杂的游戏。不论是同一活动内容的不同要求，还是同一目标的不同发展水平，都应考虑到这一点。

小班幼儿不注意、不重视规则，常常以游戏方法及活动内容代替游戏，如拖着各种玩具走各种弯弯曲曲的路，那么拖着玩具走路既是方法又是规则。而中、大班可以逐渐增加规则数量和难度要求。如走过平衡木时必须两臂侧平举、头顶沙袋，如沙袋掉地，必须原地捡起，放回头顶，才能继续走平衡木，否则暂停走平衡木一次。

四、学前儿童运动器械的练习

学前儿童运动器械的练习，专指利用运动器械进行的身体练习活动。根据运动器械的特点和锻炼的主要功能，运动器械有多种分类，如大、中、小型运动器械，滑行类、旋转类、摆动类、颠簸类、攀登类、钻爬类、弹跳类等运动器械，现代或传统运动器械等。运动器械的练习颇受学前儿童的喜爱，而且对于学前儿童也有很高的锻炼价值。以下将列举几类常见的运动器械。

1. 摇摆、颠簸类运动器械

摇摆、颠簸类运动器械有秋千、摇马、浪船、跷跷板等。这类器械活动给予幼儿的锻炼价值在于：（1）随着器械的摇摆，幼儿需要及时调整自己的身体位置，有助于发展幼儿整个身体的动态平衡能力；（2）幼儿在活动中能获得各种生理和心理的感受，如特殊的听觉、视觉以及兴奋与刺激等，从而丰富感知经验，增强前庭器官的机能；（3）幼儿通过依靠自己的力量让运动器械运动起来，能产生对自己能力的确信，从而建立起较强的自信心和独立感；（4）活动所带来的有关肌肉的紧张和放松的感觉，使幼儿更容易理解周围事物的变化与自己身体运动的关系；（5）活动为幼儿提供了丰富的想象空间，并由此使其产生愉悦的心情。

2. 攀登设备

幼儿能独立行走后，会非常喜欢攀爬活动。攀登类活动给予幼儿的锻炼价值在于：（1）幼儿在攀登设备上需要双手双脚不停地用力和支撑，还需要不断地调整自己身体的角度和位置，这样可以有效地促进幼儿身体机能的发展，强壮幼儿的肌肉，提高幼儿对身体的控制能力；（2）当幼儿攀登到设备的顶端时，视觉和听觉会有不同的体验，这为幼儿提供了难得的感知觉经验，并能有效地促进幼儿空间知觉的发展；（3）攀登活动有助于帮助幼儿克服胆怯、害怕、恐惧的心理障碍，增强幼儿的自信心和自我意识，促进幼儿心理健康发展。

3. 各种车辆玩具

幼儿车辆玩具的品种很多，如三轮脚踏车、小手推车、三轮运货车、四轮小汽车、电瓶车等。车辆玩具类活动给予幼儿的锻炼价值在于：（1）使幼儿身体不同部位的肌肉得到练习，促进大肌肉的发展以及身体控制能力的发展，同时使幼儿身体动作更协调、更灵敏；（2）使幼儿获得视觉运动经验，发展幼儿的空间知觉和判断能力；（3）幼儿依靠自己的努力使小车运动起来，并独立控制和掌握小车运动的快慢、方向，将会产生极大的独立感、满足感和自豪感；（4）幼儿在玩车辆玩具时，会非常愉快、兴奋和自在，并能获得许多角色游戏的体验，可以激发想象力；（5）在活动场地上设置相应的交通标志，帮助幼儿熟悉和理解各种标志的含义，引导幼儿学习和掌握最基本的交通规则。

4. 平衡板

平衡板是一种极普通的幼儿运动器械，可以是移动式的，也可以是固定式的。平衡板给予幼儿的锻炼价值在于：（1）平衡运动要求幼儿身体两侧用力均衡，这促进了幼儿身体两侧肌肉力量的协调发展；（2）在平衡板上行走时，需要幼儿协调地移动和变换自己身体的重心位置，使幼儿控制身体的平衡能力得到提高，并使幼儿的方位知觉得到发展；（3）在平衡板上行走，需要幼儿高度地协调视觉、听觉以及触觉的刺激，这可以促进幼儿感知觉的发展。

适合于学前儿童体育活动的内容有很多，除了上述几类之外，有条件的幼儿园还可以根据本园的实际情况增加游泳、滑冰等丰富多彩的体育活动内容。

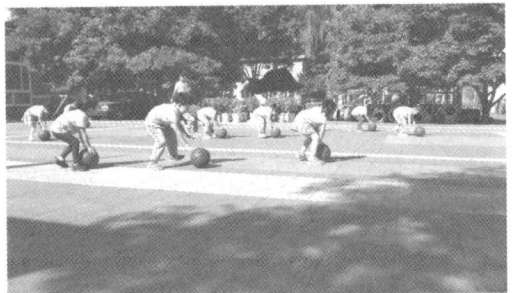

第三节 学前儿童体育活动的实施

一、学前儿童体育活动的特点与规律

学前儿童体育不同于学校体育、成人体育，它有其自身的特点。在实施学前儿童体育活动时，必须考虑这些特点，遵循其内在的规律，使体育活动更加科学化、合理化，让学前儿童体育教育成为真正促进学前儿童身心健康的教育。

1. 学前儿童体育活动的特点

体育活动是通过身体练习来实现教育目的的活动，学前儿童体育活动同样需要幼儿身体的直接参与。幼儿处在不断的运动状态中，身体和情绪都比较活跃。同时，学前儿童体育活动一般在户外进行，环境比较复杂，干扰因素多，幼儿注意力容易分散，情绪容易受到影响，安全问题也比较突出。这样，在组织活动时需要特别关注这些问题和困难。

运动负荷是否恰当，是决定学前儿童体育活动效果的主要因素之一。教师开展学前儿童体育活动必须考虑幼儿的运动负荷，注意做到低强度、高密度，急缓结合、动静交替。同时，教师还应注意培养幼儿自主参与体育锻炼的兴趣和良好习惯，帮助幼儿获得基本的活动技能，促进幼儿身体均衡发展。学前儿童体育活动应以游戏为主要活动方式，不推荐测试和达标活动。

2. 学前儿童体育活动应遵循的规律

学前儿童体育活动，应充分考虑到他们的身体状况以及动作在运动过程中变化的规律，并且根据这些规律组织和开展安全的、科学的体育活动。

（1）人体机能适应性规律。人体在参加运动时，消耗体内物质能量，促进了异化作用，引起疲劳和身体机能暂时下降。同时也刺激恢复过程，使同化过程加强，出现超量恢复，提高人体的机能能力。这是人体通过运动促进新陈代谢和提高机能能力的过程，也是产生适应性的过程。这个过程有以下几个阶段：①工作阶段。参加运动后，身体物质能量被消耗，同时恢复过程也在进行，但消耗过程占优势，表现为身体机能能力逐渐下降。②相对恢复阶段。运动后身体机能指标恢复到运动前水平阶段。③超量恢复阶段。通过合理休息，物质和能量储备超过运动前水平，从而提高身体的工作能力。④复原阶段。如果下一次运动间隔时间过长，身体的工作能力又恢复到运动前水平。

研究表明，工作阶段消耗过小或过大，超量恢复的效果都不好；运动间隔时间过长或过短，也影响恢复的效果和工作能力的提高。因此，学前儿童体育活动要根据儿童的不同体质、不同年龄以及不同的练习内容等情况，合理确定工作阶段的运动负荷和练习间隔时间。

（2）人体机能活动变化的规律。在体育活动中，人体生理机能活动能力的变化，与机体有关器官系统的功能的变化相关。幼儿在进行反复的身体练习的过程中，身体内部发生一系列的

功能变化，并表现出一定的规律。这个过程可以分为以下几个阶段。

① 上升阶段。上升阶段包括两个过程：第一，在没有进行身体运动前，幼儿已经知道或想到即将要开始运动了，这时他们的生理和心理就会产生相应的变化或反应。有的幼儿表现出兴奋、情绪高涨的状态，心率和呼吸频率有所加快，身体有一种跃跃欲试的感觉。这些变化都是积极的适应性反应，它能加速身体器官克服惰性，使机体的活动能力较快地上升，以适应即将开始的身体运动。但也有一些幼儿会焦虑、不安、过度紧张，表现出退缩和胆怯，甚至身体会变得软弱无力，动作迟钝、不协调。这些变化都是消极的反应，会阻碍幼儿机体的活动能力的上升。教师应充分认识到这个过程，注意幼儿的不同反应。教师尤其应该关注那些具有消极反应的幼儿，通过言语艺术、环境创设来吸引幼儿，激发幼儿参与活动的愿望和积极性，使幼儿在身体运动之前产生积极的适应性。第二，运动开始时，身体的机能活动能力尚处于较低状态，教师通过一些准备性的身体活动，帮助幼儿逐渐克服身体各器官的惰性，提高机体的活动能力，使之较快地上升到较高的水平。教师在了解这个过程后，应注意让幼儿在进行较激烈的运动之前做好充分的身体准备活动。准备活动的内容可以是全身性的活动，如活动上肢、躯干、下肢的各部位肌肉、关节和韧带等；也可以是有针对性的准备活动，如在进行跳跃活动前，专门活动下肢部位的关节、肌肉和韧带。对幼儿来说，身体器官的惰性相对较小，比较容易克服，机能的活动能力上升也较快，因此准备活动的时间可以适当缩短，活动量可以稍微加大。

② 平稳阶段。在平稳阶段，幼儿各器官的活动能力已经逐渐达到了较高的水平，处于积极的工作状态。这时，身体运动的效率比较高，能适应一些较激烈的运动，而且学习和练习的效果也较好。由于幼儿的神经细胞和肌肉组织都较容易疲劳，所以幼儿在这一阶段持续运动的时间比成人的要短，而且保持相对最高水平运动的阶段也更短。但如果幼儿在此阶段中情绪很愉快，活动比较适合的话，疲劳也会相应地晚一些出现。根据平稳阶段的规律和幼儿的特点，教师可以将运动强度较大的、较激烈的或难度较高的活动内容安排在这一阶段中，同时注意活动的内容和方式的多样化，以激发幼儿积极高昂的情绪。教师还应注意，幼儿的活动必须做到动静交替、急缓结合，保证活动量的适宜性。

③ 下降阶段。幼儿经过一段时间的身体运动之后，尤其是在进行较大的活动量之后，他们体内的能量消耗较多，体力恢复不足，身体开始出现疲劳的感觉或现象，机体活动的能力便逐渐下降。此时，教师应组织幼儿逐渐地结束活动。结束活动的过程，主要是做一些身体放松的活动，尤其在较激烈的运动之后，更应重视这一环节。放松活动有利于消除幼儿身体疲劳，并使其情绪逐渐平稳，有益于幼儿身心的健康以及参加下一项活动。

遵循人体生理机能活动变化的规律，在组织幼儿开展体育活动时，活动量安排的总趋势是由小到较大，然后再由较大到小。身体的准备活动和放松活动都是不可忽视、不可缺少的环节。

（3）动作技能形成的规律。动作技能也称运动技能，它是指人体在运动中掌握的有效完成专门动作的能力。就某种特定的身体运动而言，如果幼儿能以较高的准确性、较少的时间、较小的能量和能够达到目的的合理方法予以完成，就称为获得了动作技能。动作技能的形成，通常经历以下 3 个相互联系的阶段。

① 粗略掌握动作的阶段。此阶段的主要特点是幼儿对动作有了初步的印象，动作表现比较紧张，动作不协调、不准确，缺乏灵活的控制能力，多余动作较多，主要依靠视觉表象来控制和调节动作。因此，在学习动作技能的初期，教师要对动作的主要环节进行必要的示范和讲解，幼儿对动作的整体性有初步的、全面的知觉和印象。同时，提供给幼儿较多的练习机会，引导他们亲自体验和实践。在这一阶段，教师不宜过多地强调动作的细节或过多地纠正幼儿的错误动作，只要幼儿做得基本符合要求即可。

② 改进和提高动作的阶段。在前一阶段的基础上，通过经常不断的练习，幼儿的紧张动作或多余动作明显减少，身体的控制能力有所增强，能较顺利、较正确地完成动作，逐步形成动作概念。但此时，幼儿的动作还不稳定，不够熟练和巩固，在一些复杂、变化的情况下（如遇到新异的刺激或活动条件发生较大变化时）仍较容易出现动作变形的现象，原有的多余动作或错误动作有可能随之重新出现。因此，在这一阶段，教师仍要鼓励幼儿多进行实践和练习，并注意纠正他们的动作，帮助他们逐步掌握动作的细节部分，提高他们动作的节奏感，帮助幼儿能轻松自如、协调正确地完成动作，促使动作日渐完善。

③ 动作巩固和运用自如的阶段。在经常、反复练习的基础上，幼儿的动作更加准确、熟练与协调，同时还能较省力地完成动作，甚至出现动作的自动化（即在做动作时，不需要有意识地加以控制也能顺利、正确地完成）。因此，在这一阶段，教师组织练习的主要任务在于巩固和发展动作，可以经常加以复习，也可以进一步变化环境和条件，引导幼儿在新的条件下自如地运用动作技能，提高动作的适应性。

动作技能形成的 3 个阶段是有机联系在一起的，各个阶段之间并没有明显的界限，是逐步过渡、逐步发展的。每个阶段的出现和持续时间的长短，与幼儿的发展水平、年龄特点以及动作特点、教师的教学方法等各种因素都有很大的关系，不能一概而论或统一规定要求。

二、学前儿童体育活动的组织原则

原则反映了规律，在一定意义上我们可以将原则视为准则。学前儿童体育活动的组织，应遵循以下几方面的原则。

1. 全面性原则

全面性原则是指在幼儿身体运动的过程中，应选择和安排全面的、多样的活动内容，促进幼儿全面和谐发展。它包含两层含义。一是指体育活动应促进幼儿身心全面发展，即体育活动不仅要促进幼儿身体健康，还要促进幼儿心理的健康和发展；不仅要增强幼儿的体质，还要促进幼儿在认知、情感、态度、社会性和个性等方面的良好发展。二是指体育活动应尽量使幼儿身体的各个部位、各器官系统的机能、各种身体素质和基本活动技能等，都能得到全面协调的发展，避免身体锻炼的片面性和不均衡性。在开展体育活动时，贯彻这一原则应注意以下几点。

（1）在利用游戏等形式组织幼儿进行各类动作练习和器械练习时，应重视提高和发展幼儿的身体素质。

（2）在高结构的体育活动中，要避免机械的动作练习和枯燥的身体素质专项练习，避免活动的小学化和成人化倾向。教师应注意选择多种内容和手段，灵活运用多种方法和组织形式，使幼儿身体的各部分都得到全面锻炼。比如，在以上肢活动为主的投掷活动中，可以结合跑、跳等活动内容来调节全身运动负荷的平衡。

（3）在低结构化、幼儿自选的体育活动中，教师不仅要注意为幼儿提供丰富多样的活动器材和运动项目，而且要经常指导幼儿选择或更换不同的活动内容。

（4）在体育活动中应培养幼儿积极参加身体锻炼活动的兴趣和习惯；帮助幼儿掌握粗浅的、有关身体锻炼的知识和技能，发展相关概念，丰富他们的认知经验；提高幼儿在身体活动中进行智力活动的能力和品质；培养幼儿团结、协作、负责、宽容、公平、分享等良好的社会情感和态度，提高幼儿的社会交往能力；培养幼儿勇敢、不怕挫折、持之以恒等良好的意志品质；培养幼儿养成活泼开朗的性格。

2. 经常性原则

经常性原则是指幼儿园体育活动应贯穿在幼儿的每日活动之中，避免出现"三天打鱼，两天晒网"的现象。在具体落实这一原则时应注意以下几点。

（1）每日让幼儿进行适当的身体锻炼活动，且保证幼儿在每日的户外活动中，参与体育活动的时间不少于 1 小时。幼儿只有每天坚持进行身体锻炼，才能促进身体的正常发育和机能的协调发展，增强体质，才能满足运动、娱乐、表现、交往等身心各方面的需要，促进心理和身体的健康发展。

（2）动静交替地安排幼儿的一日活动。一日活动中如果安静活动过多，容易导致神经细胞的疲劳；而如果身体运动过多（表现为身体练习间隔时间过短，运动时间过长），则容易发生机体过度疲劳，影响恢复效果。因此，安排和组织幼儿的一日活动要注意动静交替、急缓结合，这样不仅有利于保护幼儿的身心健康，也有利于提高幼儿身体锻炼的效果。

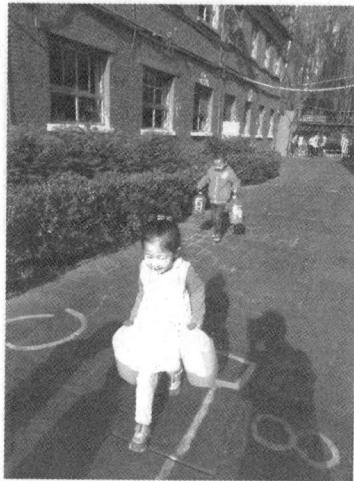

3. 适量性原则

适量性原则是指在组织幼儿进行身体锻炼活动时，教师应注意合理安排、调节幼儿的身体和心理所承受的负荷量，以达到最佳锻炼效果，保证身心和谐发展。这既是人体机能适应性规律的要求，也是人体生理机能活动变化规律的要求。在贯彻这一原则时应注意以下几点。

（1）要根据身体锻炼的内容、运动项目的特点以及幼儿年龄的差异，合理地确定身体锻炼的"量"，包括练习的次数、练习时间和间隔时间的长短、练习的密度、活动的强度等 。一般来说，幼儿园体育活动应遵循高密度、低强度，注重运动节奏的要求，使幼儿身体锻炼保持合理的负荷。

（2）幼儿体育活动的运动量要从小到大逐步上升，并在活动结束前逐渐下降。比如，幼儿体操动作的练习，一般由活动量较小的头、颈部动作或上肢的伸展动作开始，逐渐过渡到扩胸、转体或体侧屈、腹背动作，再到活动量较大的全身和跳跃动作，最后是放松、整理动作。在其他类型的身体锻炼活动中，活动量同样也应遵循从小到大、再由大到小的过程。

（3）在组织指导时，教师讲解要精，幼儿练习要多。教师应安排好身体锻炼的组织环节，避免过多的排队及等待的时间。教师还应注意根据幼儿的个体差异，灵活地安排活动量，同时也要根据季节、气候、营养、卫生等条件灵活安排活动量。

（4）教师要注意合理安排和调节幼儿的心理负荷。一般在一次身体锻炼活动中，要注意新旧内容的合理搭配，新授内容的难度适中，活动中对幼儿所提的要求要合理。在安排活动时，其前半部分宜安排负荷较大的内容，后半部分则安排趣味性较强、较激烈的活动内容，促进幼儿的情绪状态达到高潮，同时避免因情绪高潮出现过早而影响后面活动的顺利开展。此外，教师要注意自己的教态和教法，用积极的情绪、饱满的精神、富有兴趣和启发性的讲解以及准确、优美的动作示范，去感染和激发幼儿参与体育活动的情绪。

（5）教师可以利用简便的观察法和测心率的方法，了解幼儿运动负荷是否合理，以便灵活调节活动的内容和方法。活动中，幼儿心率为每分钟 130 ～ 160 次，恢复正常心率的时间为 3 ～ 5 分钟，是比较适宜的运动负荷参考数据。面色微红，汗量不多，呼吸中速、稍快，动作协调、准确，注意力集中，反应快，情绪愉悦，这些都表明幼儿正处于轻度疲劳状态，运动负荷也比较适宜。

4. 多样性原则

多样性原则是指应灵活运用多种内容、多种形式和多种方法来展开学前儿童体育活动。学前儿童体育活动的各种内容、形式和方法都有其自身的特点，任何一种内容、形式和方法都有其他内容、形式和方法不可替代的作用。因此，期望用一种内容、形式和方法来完成全部的幼儿体育活动的任务是不可行的。为此，开展幼儿体育活动需要多种内容、形式和方法相互补充、相互配合、灵活运用。贯彻这一原则时应注意以下几点。

（1）学前儿童体育活动的基本内容包括基本动作练习、基本体操练习、身体素质练习、器械练习、创造性身体活动和体育游戏等。

（2）学前儿童体育活动的组织形式包括早操活动、户外体育活动、室内体育活动、运动会、三浴锻炼、远足，以及幼儿园因地制宜开发的体育活动形式，如亲子体育活动、劳动、集体舞蹈等。

（3）学前儿童体育活动的指导方法包括讲解示范法、练习法、语言提示和具体帮助法、游戏法、竞赛法、信号法等。

三、学前儿童体育活动的组织形式

学前儿童体育活动的组织形式应该是丰富多彩的，这有助于增强幼儿参与运动的兴趣，激发他们体验运动的快乐，提高身体素质，培养主体精神。同时，体育活动的组织形式还应根据教育改革的需要不断创新和变革。

1. 早操活动

早操活动是学前儿童体育活动的一种基本的组织形式。早操活动是一日活动的开始，也是幼儿早晨入园后在教师的组织、引导下进行的专门性身体锻炼活动。

（1）早操活动的意义。

① 增强体质。早操活动一般都在户外进行，幼儿可以享受到新鲜的空气和阳光。特别是冬季，在较寒冷的空气中进行适当的身体锻炼，可以有效提高幼儿机体对外界气温及其变化的适应能力，增强抗寒能力和抵抗力，减少呼吸道疾病的发病率。早操活动中基本体操练习、体育游戏、慢跑、队列练习等活动内容，能使幼儿的运动系统、心肺系统得到有益地锻炼和增强，同时能提高幼儿身体动作的灵敏性、协调性和节奏感，并有助于幼儿形成良好的身体姿态。

② 振奋精神。早操活动可以消除睡眠后神经系统的抑制状态，激发和恢复幼儿机体的活动能力，使其逐步进入到较好的工作状态，从而使幼儿精力充沛、情绪愉快地投入一日生活活动。

③ 培养纪律。在集体中进行走步、跑步、队形队列练习，在集体中进行基本体操练习，共同游戏等，都是培养幼儿纪律的好机会。在集体活动中，幼儿可以学会克制自己，服从集体，学习交往、合作、分享；同时也可以发展集体归属感，培养亲社会的人格倾向。

④ 锻炼意志。日复一日地坚持锻炼，有助于幼儿形成良好的生活习惯，使幼儿生活有规律；同时培养幼儿积极乐观的人生态度和对体育运动的爱好。尤其是夏天的炎热、冬天的寒冷以及身心在运动中所承受的压力，都有助于幼儿形成良好的意志品质，培养幼儿不怕困难、持之以恒的精神。

（2）早操活动的内容。

①慢跑或走跑交替的活动，尤其在冬季，它常常作为幼儿身体锻炼的重要组成部分；②一些简单的模仿动作、律动动作或愉快而简单的舞蹈；③幼儿基本体操的练习，这是幼儿早操活动中的主要内容，可以起到全面锻炼幼儿身体的作用。

（3）早操活动的组织及指导建议。

①早操活动的时间一般在 15 分钟左右，活动量的安排不宜过大，一般过程由小到中等，再由中等到小。②在冬季气温较低时，幼儿的早操活动可以安排在上午较安静的教育活动之后进行，将其看作"课间操活动"。③早操活动的队列、队形练习要简单，主要是为幼儿做体操动作服务，不要一味强调队形的变换练习。④一般整个早操活动都会伴随音乐，要精选符合早操活动要求的音乐，特别要注意音响的清晰度和音量的适中性。⑤基本体操除了选用现成的、由专门人员设计的以外，教师可以自行为本园本班创编具有一定特色的基本体操，甚至可以指导和帮助中、大班幼儿自己设计简单的基本体操。⑥在幼儿进行基本体操的练习中，教师不要过分强调幼儿动作（方向、角度、位置等）的统一性。

2. 户外体育活动

户外体育活动的含义不仅仅是指在户外进行的体育活动。首先，与户外进行的"集体体育教学活动"相比，这里所说的"户外体育活动"是指非正规的、低结构化的幼儿体育活动。一般来说，它并不强调活动组织的严密性，教师大多采取间接指导的方式来组织和实施活动。而

"集体体育教学活动"作为一种正规的、高结构化的体育活动，则比较强调活动组织的严密性，教师主要采取直接指导的方式来组织和实施活动。其次，与户外进行的早操活动相比，户外体育活动在时间的安排上更为灵活，活动形式更加多样，活动内容也更为广泛。

（1）户外体育活动的意义。

① 享受户外。幼儿在户外进行体育活动，不仅可以获得更自由的活动空间，享受阳光和新鲜空气，而且还可以满足自身对不同环境交替、不同活动交替、身心各部分动静交替的需要。

② 享受自主。幼儿在户外进行体育活动，能够弥补早操、集体体育教学活动等限制性较强的体育活动组织方式的不足，更好地满足不同幼儿的不同发展需要。同时，幼儿通过自由选择活动，能逐渐提高其自主、自律的意识及能力。

（2）户外体育活动的内容。

① 利用环境和大型设施的锻炼活动，如楼梯、操场、沙地、游泳池、游戏城堡、假山，甚至田埂、土坡、水沟、树林等。幼儿园可以根据自己已有的条件，合理开发和利用。

② 利用大、中、小型专业体育器械的锻炼活动，如攀登架、平衡木、沙包、绳子等。一般幼儿园都有为数不少的各类器械。如果比较缺乏现成的器械，教师可以尝试利用各种替代性器械或自制器械。

③ 利用各种替代性器械或自制器械的锻炼活动，如桌子、板凳、梯子、轮胎、大纸箱等常见替代物。同时，教师也可以发挥聪明才智，利用废旧物，设计和制作各种具有一物多玩功能的小器械，如利用绸布制作降落伞，利用一次性餐盘制作飞碟，利用饮料罐制作高跷等。

④ 各种体育游戏，包括由教师传授的和幼儿相互传授的，甚至是由幼儿自己临时"发明"的游戏。

（3）户外体育活动的组织。

① 时间。户外体育活动一般有两个时段，一是晨间或上午的某个时间段，二是下午的某个时间段。如果在晨间进行户外体育活动，往往与早操活动连在一起。有的可以在早操活动前进行，有的可以在早操活动后进行。

② 场地。幼儿园在组织户外体育活动时，往往采用区域式的活动方式，即将户外场地划分成几个区域，如投掷区、跳跃区、钻爬区等，并在这些区域中投放相应的器械、材料。幼儿

在活动中可以自由选择区域、材料、玩法和玩伴，并在各个区域间自由流动。

③ 形式。区域式户外体育活动可以采用混班或混龄的形式。混班活动即在同一时间内同一年龄班的幼儿共同活动；混龄活动即在同一时间内两个以上年龄班的幼儿共同活动。混班或混龄活动的形式可以打破班级和年龄的界限，扩大幼儿的交往范围，培养幼儿与人交往的能力，促进幼儿社会性发展。尤其是混龄活动，可以增强大年龄幼儿的自信心、自豪感和责任感，帮助小年龄幼儿获得更多的活动技巧，提高活动能力。

（4）户外体育活动的指导建议。

① 尊重幼儿的自我选择，引导和帮助他们在活动中学会选择和与人交往。

② 关注活动时的安全，注意排除安全隐患。如在区域式户外体育活动中，投掷类器械应安排在边缘区域，教育幼儿不将器械对着同伴挥舞等。

③ 对幼儿进行的必要的引导和指导，包括引导和指导幼儿的活动方法、使用器械的方法、交往的方法以及帮助幼儿学会控制和调节活动量。例如，当某些幼儿的活动量较大时，教师可以引导他们参加较小活动量的活动，如走平衡板等；而对于不爱运动的幼儿，则应该鼓励他们选择活动量较大的项目，如跳羊角球等。

3. 集体体育教学活动

学前儿童集体体育教学活动是指幼儿在教师有目的、有计划的指导下，发展动作、增强体质、增长知识、培养品德、发展能力和形成个性的过程。

集体教学活动

（1）集体体育教学活动的意义。

学前儿童集体体育教学活动是实现体育活动总目标的一种基本组织形式。它注重幼儿身体的全面锻炼与发展，力求促进幼儿在智育、美育、良好个性和社会适应性各方面的发展。为此，幼儿园集体体育教学活动具有一定的独特性，是学前儿童体育的重要组成部分。随意取消集体体育教学活动或忽视集体体育教学活动的做法都是不正确的。

（2）集体体育教学活动的特点。

① 幼儿园集体体育教学活动与其他集体教学活动的区别。幼儿园集体体育教学活动主要通过身体练习来实现教学目的，它需要身体各部位的直接参与。而幼儿园其他内容的教学活动主要通过思维活动来完成教学任务，身体和情绪相对处于比较稳定的状态。幼儿园集体体育教学活动必须合理安排运动负荷。同时，幼儿园集体体育教学活动还特别需要注意保育工作。而在其他内容的教学活动中，幼儿一般很少从事大运动量的身体活动，因此不存在专门考虑运动负荷的问题。相较于其他内容的教学活动，幼儿园集体教学活动在组织工作中需要额外考虑一些特殊问题和困难。

② 幼儿园集体体育教学活动与学校集体体育教学活动的区别。游戏性仍然是幼儿园集体体育教学活动的重要特点，而学校集体体育教学活动中，游戏性不再作为主要的活动组织形式。幼儿园集体体育教学活动主要是帮助幼儿获得基本的活动能力，促进幼儿身体均衡发展，培养他们积极参与运动的兴趣，而非掌握专项运动技术。幼儿园集体体育教学活动的运动负荷特点是强度较小、密度较大、急缓相间、动静交替。幼儿园不进行体育知识考试和技能达标测验。

（3）集体体育教学活动的组织。

① 开始阶段（也称准备阶段）。这阶段主要任务是迅速将幼儿组织起来，集中幼儿注意力，做一些必要的身体准备活动，并从心理上调动幼儿参与活动的积极性和愿望。该部分的时间不应过长，通常以幼儿身体舒展以及情绪逐渐激昂为宜。

② 主要阶段。这阶段主要在于完成此次集体教学活动的教育、教学任务，如新授的，有一定难度的内容以及高度兴奋、活动量较大的游戏活动等。该阶段的时间相对较长，一般一次集体体育教学活动的大部分时间分配在此阶段中。

③ 结束阶段。这阶段主要任务在于缓解幼儿身心高度兴奋或紧张的状态，有组织地结束一次集体体育教学活动。它可以包括做一些身体放松的活动或动作，以及对本次活动的简单小结。该部分一般也比较简短，所用时间不长。

（4）集体体育教学活动的指导建议

①注重对幼儿进行全面、和谐的教育，既发展幼儿的运动能力，同时又发展幼儿的智力、个性和社会适应性；②合理安排运动负荷，包括生理负荷和心理负荷；③注意活动的游戏化，使幼儿获得良好的情感体验；④面向全体，注意个别，对不同水平的幼儿可以有不同要求，促进每一位幼儿都能在自己原有基础上得到发展，获得成功。

4. 室内体育活动

室内体育活动是指在教室或专门的体育活动室内进行的体育活动。目前一些有条件的幼儿园已经开设有专门的体育馆、室内泳池、舞蹈房或体操房、室内攀岩墙、室内海洋球池、室内旱冰场、"感觉统合"活动室等。

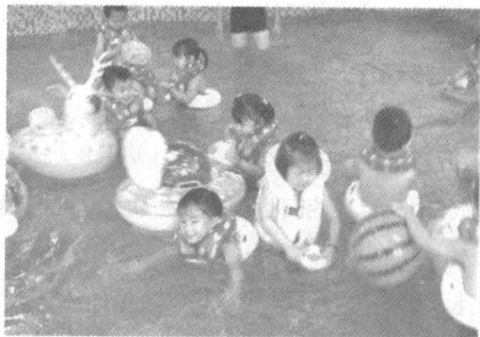

（1）室内体育活动的意义。由于特殊地域的气候条件、特殊运动项目的要求或出于对特殊器械维护的考虑，有些体育活动安排在室内进行更有利。而且，室内体育活动条件保障了幼儿在阴雨、寒冷、炎热等季节继续锻炼的需求。

（2）室内体育活动的内容。①各种球类活动；②室内大型器械活动，如充气城堡、翻斗乐、跳床、海洋球池等；③创造性身体表现活动，如舞蹈、体操、身体探索活动等；④体育游戏活动；⑤中、小型器械活动，如跳绳、走平衡板、钻隧道、垫上运动，以及各种"感觉统合"活动器材等。

（3）室内体育活动的组织及指导建议。①根据场地大小安排幼儿人数，避免过于拥挤；②要求幼儿注意安全，不干扰他人活动；③教师要提供适宜的室内活动器械，以及准备能够引发和丰富幼儿创造性活动的材料和音乐；④可以组织并指导幼儿自己布置和整理场地、器材。

5. 野趣活动

幼儿园野趣活动是指利用周围自然环境中可锻炼身体的因素，进行挑战自我、回归自然的身体活动。

（1）野趣活动的内容。大自然中可用于锻炼身体的自然环境和因素有很多，如宽阔的大草坪、疏密不同的树林、形状各异的小桥、高低起伏的山坡，还有沙地、海滩、泥地、乡间小道以及新鲜的空气和充足的阳光等。幼儿在大自然的怀抱中用自己喜欢的方式尽情玩耍，既强健身体，又陶冶情操。

（2）野趣活动的特性。野趣活动是在自然环境中进行的，活动材料简便丰富；活动环境多样，对幼儿具有一定的挑战性；活动方式、活动时间和空间有趣味又富有开放性，幼儿的运动欲望得到充分满足。

（3）野趣活动的组织与指导建议。活动环境应体现安全性、适宜性和挑战性的特点；根据不同季节、天气状况设计野趣活动主题；携带外出必备用品，如遮阳帽、茶水、医药箱等；外出活动前需进行安全教育；外出活动的安排需及时告知家长，得到家长的支持与配合；渗透环保教育，培养幼儿良好的社会公德。

6. 亲子运动游戏

随着家庭教育的重要性越来越受到大家的肯定和推崇，家庭、幼儿园（含学前教育机构）合作共育的新模式也日渐成熟。幼儿园必须充分挖掘和发挥家长资源，以更好地促进学前儿童全面和谐地发展。亲子运动游戏就是一种典型的家园共育活动。亲子运动游戏是指孩子与家庭成员间共同开展的以生动、有趣的体育游戏为主的一项活动，它是幼儿游戏的一种重要形式。在亲子运动游戏中，幼儿是活动的主体，家庭成员起指导作用。

（1）亲子运动游戏的意义。亲子运动游戏对促进幼儿的成长具有特殊而长远的意义。从幼儿的生长发育来看，亲子运动游戏能让幼儿和家长保持愉快、兴奋的情绪，从而激发身体细胞活力。亲子游戏更能调动幼儿的身体机能，促进其运动能力的发展，对健康极有益处。从心理发展来看，亲子运动游戏能进一步促进家庭成员间的情感交流，健全幼儿的人格发展，并直接影响其对外部世界和社会人际关系的认识。

（2）亲子运动游戏的特性。有趣的亲子运动游戏，有助于消除家长因工作繁忙等原因而造成的对孩子的疏忽，增强亲情间的融洽性，增加家庭成员彼此之间的感情；亲子运动游戏的材料简单而方便，可以是生活中随处可见的物品；亲子运动游戏的时间、地点不受限制，具有较大的随机性。

（3）亲子运动游戏的内容。不同年龄阶段的幼儿喜爱和适宜的运动游戏有所不同。0～2岁的幼儿年龄小，在游戏中动作多为重复，通常伴随着语言和儿歌，游戏持续时间不宜过长。2～3岁的幼儿多以自我为中心，但独立玩耍的能力还不强，一些模仿动作的游戏比较适合他们。3～4岁的幼儿乐于尝试跑步、跳跃、滚动等身体动作，游戏中要提供足够的空间，并鼓励幼儿大胆探索，发挥他们的想象力和游戏主动性。4～5岁的幼儿身体各方面发展已十分灵活和协调，可以运用一些活动性强的游戏，如小器械的运动游戏来锻炼他们运用身体的技巧。5～6岁的幼儿规则意识强，应注意安排一些玩法多样、具有竞争性和挑战性的运动游戏，并在游戏中给予其自主选择的权利和机会。

（4）亲子运动游戏的指导建议。幼儿园要经常开展亲子运动游戏，教师要调动家长参与亲子运动游戏的积极性。游戏开展中，教师应及时将幼儿园和家庭中的教育内容、教育形式进行时间和空间上的迁移，教师要加强对家长和幼儿的随机指导。同时，在游戏中注意渗透规则意识，培养幼儿良好的个性品质。

7. 其他形式的体育活动

其他形式的幼儿园体育活动有很多，如运动会、三浴锻炼、远足活动或短途旅游、一分钟体育、劳动以及集体舞蹈等。这些体育活动组织形式既丰富了幼儿园体育活动，也提高了幼儿的运动兴趣。幼儿园可以根据自己现有条件和特点对这些活动形式加以选择和运用。

（1）运动会。幼儿园运动会可以提高幼儿参与体育锻炼的兴趣，使教师了解他们体育学习与锻炼的效果；增加幼儿相互交往和交流的机会，增进团队精神；同时促进幼儿园日常体育工作的顺利开展，向家长提供了解自己子女发展情况和受教育情况的机会。

幼儿园运动会的主要内容包括体育表演、体育竞赛、体育娱乐三种类型的活动。其中，不仅有幼儿参与，也可以有教师、家长和社区有关人员参与。

幼儿园运动会参与人员众多，活动内容丰富，所以涉及的管理、服务工作比较繁杂，组织工作比较繁重。在组织运动会时应注意：①面向全体，人人参与，重在娱乐；②重在平时，不搞突击；③体育竞赛中以集体和合作的项目为主，注重团队精神的培养，注意运动卫生和运动安全，专职人员做好防范意外的充分准备；④事先通知家长和其他参与人员，使他们了解如何配合教师、支持幼儿活动等重要事宜；⑤幼儿园运动会一般安排在春、秋两季，也可以和两季的节日整合起来进行。

（2）三浴锻炼。三浴是指空气浴、日光浴和水浴。三浴锻炼可以通过自然界中的空气、日光和水给幼儿机体带来的不同刺激，增强幼儿对环境变化的适应能力，提高身体素质，培养积极的个性品质。

三浴往往是安排在同一时段内连续进行，如在室外活动进行空气浴和日光浴，然后进行温水浴。教师既可以利用自然因素有意识地展开三浴锻炼，也可以和幼儿园日常活动相结合，如户外活动、开窗睡眠、玩水淋浴等。

在组织三浴锻炼时应注意：①根据当地气候和季节特点以及幼儿园条件等客观情况，认真制定、适时调整锻炼的时间和具体内容；②注意锻炼的循序渐进性；③专职人员做好安全保障工作；④培养幼儿的安全意识，建立必要的安全行为规范。

（3）远足。远足活动让幼儿走出幼儿园，走向更广阔的天地，不仅能够增强幼儿体质，而且加强了幼儿与大自然和社会的接触，还能陶冶情操，开阔视野，丰富心智。

远足活动可以结合春游、秋游、参观访问等活动进行，主要强调幼儿徒步持续行走一段路程。远足活动组织中应注意：①根据幼儿实际情况，循序渐进；②注意安全教育，防止幼儿过度疲劳，路途较远时，必须准备应急药品或有医务人员随行；③结合沿途景象进行随机教育。

【实践项目】

实践项目一：勇敢者训练营（大班）

一、活动目标

（1）幼儿能勇敢参加演习游戏，不怕困难，体验挑战活动带来的惊险刺激和成功乐趣。

（2）幼儿能尝试用多种方法过不同的障碍物，快速通过障碍到达终点。

（3）幼儿能与他人合作，有冒险精神和创新能力。

二、活动准备

（1）知识经验准备：幼儿看过部队军事训练图片或视频。

（2）物质材料准备："红外线"上系铃铛，8个油桶、8个轮胎、4块平衡板，音乐《火箭部队进行曲》。

（3）环境创设准备：宽阔的户外活动场地。

三、活动过程

1. **开始部分**

（1）幼儿学解放军参加阅兵仪式，站四路纵队入场。

（2）练习队列变换：四路纵队—大圆形—螺旋形。

2. **基本部分**

（1）探索油桶的多种玩法。

（2）游戏"翻滚吧，油桶"。

① 介绍运送油桶的训练任务。

② 幼儿分两队合作设置"小山坡"，两名幼儿合作从起点将油桶通过小山坡滚到坡底，将油桶立起跑回后下一组幼儿方可出发。

（3）游戏：智勇大冲关。

① 介绍大冲关场地。

② 幼儿分组合作设置障碍（梯子、沙袋、油桶）。

③ 游戏开始，教师发出口令后，每队第一个人通过障碍到达终点后第二个幼儿方可出发。

（4）游戏：冲破敌阵。

教师介绍闯关游戏（注意一定不要碰到红外线，否则"教官"会贴黄牌表示闯关，最后哪组被贴的黄牌最少哪组就获胜）。

规则：幼儿有秩序地爬过有红外线的地方，身体不能触碰到红外线。

（5）奔跑游戏：抢占高地。

幼儿听音乐围着操场中央跑，音乐停止时幼儿要快速爬到油桶上坐好。

3. **结束部分**

（1）教师给闯关成功的幼儿颁发军训服。

（2）教师带领幼儿沿场地四周一边进行小结一边放松。

4. **运动建议**

（1）预设运动时间：30分钟。

（2）预设运动量：运动密度为40%～60%；平均心率为130～150次/分。

（3）预设运动曲线：

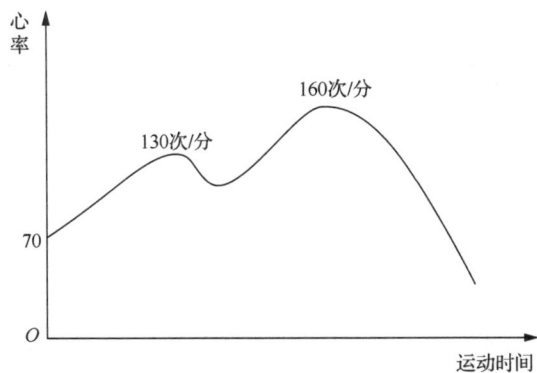

（4）场地一：

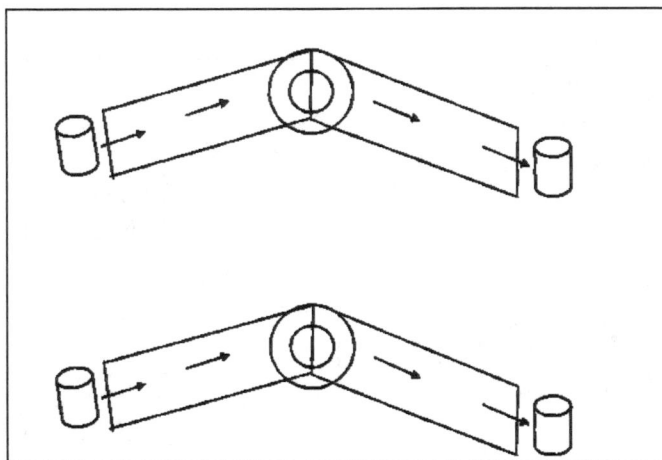

（5）场地二：

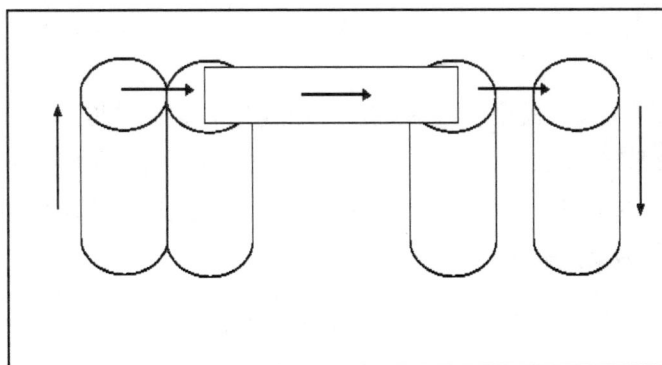

（6）场地三：

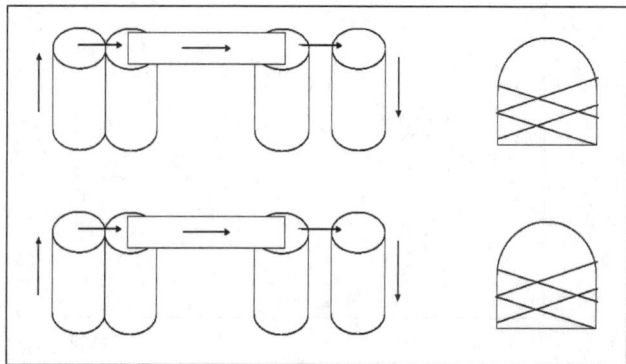

（7）场地四：

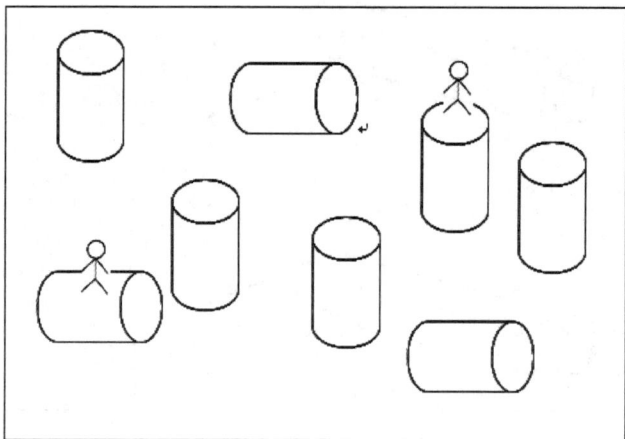

四、活动评析

《纲要》指出：要从幼儿的生活经验出发，利用身边的事物，贴近幼儿的生活来选择幼儿感兴趣的事物和问题。幼儿在本次活动中通过参加演习游戏，体验挑战活动带来的惊险刺激和成功乐趣。此活动还有助于拓展幼儿经验和视野。教师应多给幼儿提供尝试的机会，幼儿有更多自由探索的时间，效果会更好。

实践项目二：百变的布袋游戏（中班）

一、设计意图

区域性体育活动中，几名幼儿在玩袋鼠跳游戏，一会儿他们就对袋鼠跳不感兴趣了，玩起自己创编的游戏。有的幼儿将整个身体缩进布袋，有的幼儿躺在布袋上，有的将布袋拿在手上挥舞，用布袋装空气……他们对自己创编出的游戏似乎很感兴趣，且乐此不疲地玩得很开心。

《3—6岁儿童学习与发展指南》中指出：开展丰富多样、适合幼儿特点的各种身体活动，如走、跑、跳、攀、爬等，鼓励幼儿坚持下来，不怕累。幼儿们不想继续玩袋鼠跳的游戏，我想一方面是因为袋鼠跳游戏形式单一，缺乏趣味性；另一方面是因为幼儿们的下肢力量和耐力不够。何不因势利导，将幼儿们创编的游戏融进教学活动中，创设几种不同难度的关卡，这样既有趣味，又能尊重幼儿发展的个体差异。为此，我设计了这节体育活动，旨在鼓励幼儿们积极参与布袋游戏，锻炼幼儿穿布袋走、跑、跳的动作技能，激发幼儿体验挑战成功后的快乐。

二、活动目标

（1）幼儿能积极参与玩布袋的游戏，体验挑战成功后的快乐。

（2）幼儿能尝试探索布袋的多种玩法，练习穿着布袋走、跑、跳的动作技能。

（3）幼儿能与同伴合作并协商解决游戏中遇到的问题。

三、活动准备

（1）知识经验准备：幼儿玩过袋鼠跳的游戏。

（2）物质材料准备：布袋、塑料圈圈、矿泉水瓶若干，活动音乐。

（3）环境创设准备：户外宽阔的场地，场地中用呼啦圈、塑料瓶布置"荆棘丛林"。

四、活动过程

---

1. 开始部分

（1）教师带领幼儿走跑交替进入活动场地。

（2）幼儿手拿布袋站成四路纵队，随音乐做热身运动。

2. 基本部分

（1）幼儿一人或多人自由探索布袋的多种玩法。

（2）集体玩幼儿探索出的布袋游戏。

游戏一：盲人听音

玩法：幼儿用布袋将头部套住，教师在场地四周发出拍手声，幼儿在看不见的情况下听声音找到老师。

规则：布袋将头套住，不能看到前方，只能根据声音寻找老师。

游戏二：丛林探险

玩法：幼儿穿上布袋依次跳过许多"丛林"障碍（跳过塑料圈、跳过塑料瓶）。

规则：穿上布袋双脚跳起，跳过或绕过障碍物，到达终点后从两边返回到起点。

游戏三：安全地带

玩法：将布袋平铺，四散放在场地中间。幼儿听音乐绕场地逆时针奔跑起来，当音

乐停止时教师发出指令："×× 颜色是安全地带"，幼儿快速站在相应颜色的布袋上。

规则:音乐停止后,教师发出指令才能站在布袋上,速度慢或站错的幼儿要收到惩罚。

游戏四：我的小床

玩法:幼儿躺在布袋上或趴在布袋上,请幼儿听指令完成相应动作（如拍手、拍脚、左手碰右脚、右手碰左脚）。

规则：听教师的指令，做相应动作，做错或不能坚持的幼儿受罚。

3. 结束部分

（1）评价放松：教师带幼儿做捶背、甩手、踢腿等动作放松身体（鼓励幼儿相互拍拍手臂、捶捶肩）。

（2）收拾整理：教师和幼儿共同将布袋收拾整理好。

4. 运动建议

（1）预设运动时间：30 分钟

平均心率为 130 ～ 150 次 / 分

（2）预设运动量：运动密度为 40% ～ 60%；

（3）预设运动曲线：

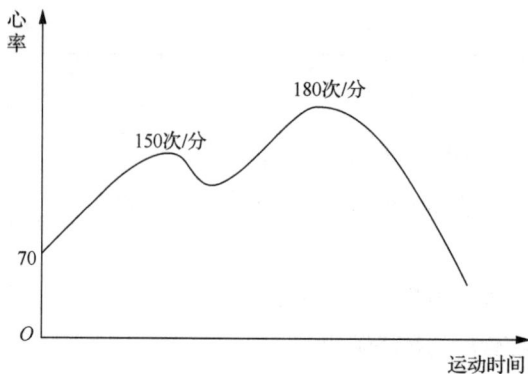

（4）场地安排：

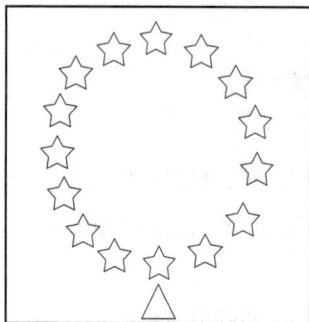 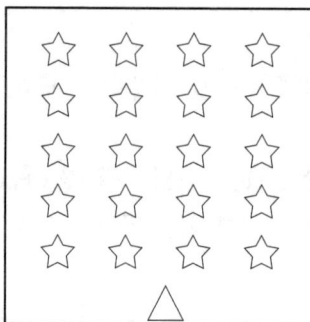 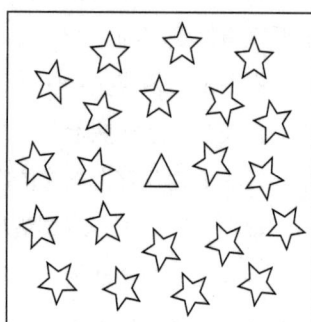

五、活动延伸

将布袋投放到体育区中,幼儿可以自由游戏探索出布袋更多的玩法。

六、活动评析

探索布袋的多种玩法可以发展幼儿的灵敏性和协调性,幼儿可以体验游戏带来的快乐感受。本次活动开始,教师设置了一个打雷下雨的情景。幼儿用布袋当雨衣,在雨中快步跑,慢步跑。雨停后幼儿假装抖雨,进行热身运动,极大激发了幼儿的兴趣。随后,教师鼓励幼儿自由探索布袋的玩法,这一环节让每个幼儿积极动脑,把布袋当成很多好玩的东西进行游戏,有一个幼儿把布袋当作澡巾,进行"洗刷刷"游戏,还有个幼儿把布袋折起来当作大象的鼻子甩着玩等,这都令我们感叹孩子的想象力。最后,教师引导幼儿跟音乐做放松活动,整个活动幼儿热情高涨,在轻松快乐的氛围中结束。

不足之处 : 活动目标不太符合中班幼儿的年龄特点,有点过于简单。

实践项目三 : 小袋鼠学本领(大班)

一、设计意图

本活动设计是想通过这一游戏来发展幼儿双脚行进跳的动作。而设计缘由是·: 在一次户外体育活动《我和小兔一起运萝卜》中,我发现在游戏情境中有需要幼儿双脚行进跳的环节,但出现了幼儿忽略双脚行进跳动作要领的情况,特别在"我和小兔一起运萝卜"回家时,两人不能协调一致地完成双脚行进跳的动作。为此,设计体育活动《小袋鼠学本领》,帮助幼儿有效地掌握双脚行进跳和合作行进跳的动作技能。

二、活动目标

(1)幼儿练习双脚行进跳和合作行进跳。

(2)幼儿锻炼腿部肌肉力量和提高协调能力。

(3)幼儿有参与体育活动的兴趣。

三、活动准备

(1)教师用布袋一个,幼儿用布袋每个人一个。

(2)放松活动的轻音乐。

(3)萝卜实物图片若干。

四、活动过程

---

1. 排队做准备活动

幼儿排成四路纵队随老师走、跑交替进场,进入场地后听音乐做准备活动。

2. 练习单人双脚行进跳

（1）分散自由练习双脚行进跳。

教师："请小朋友选择一个大小合适的布袋，套上后我们来学小袋鼠，练练双脚往前跳的本领。"（教师注意观察幼儿的动作，练习一段时间后，组织幼儿讨论怎样才能跳得又稳、又快、又轻，并请几名幼儿来示范。）

（2）分成男、女两队进行竞赛。

教师："大家在起跑线上准备，然后同时往前跳，看谁先到终点，又能跳得稳、轻。"

（3）游戏：造新房（可分组合作造新房）。

教师："你们先找到积木，把积木装进所穿布袋胸前的小口袋里，然后跳到树林里，用积木合作搭建新房？"（造好新房后，师生一起在草地上玩耍，听音乐做一些放松活动。）

3. 练习两人合作行进跳

（1）小袋鼠学习新本领，分散练习两人合作行进跳

教师：请你找一个好朋友，练练两人一起往前跳的本领。

（幼儿两人一组练习一起往前跳，练习时能力弱的幼儿跳的距离短些。）

（2）游戏：种树（幼儿分成两队进行竞赛）。

教师："让我们一起把树种到树林中，把树林打扮得更美丽。你们两人合作搬运一棵小树，跳到树林里，把小树种下。"（树种好后，录音机里传出打雷下雨的声响，小袋鼠跟着妈妈到新房子里避雨、休息。）

4. 练习多人行进合作跳

教师："这次，你可以邀请更多的朋友一块儿练习往前跳的新本领。"（幼儿多人结伴，商量好以后协调、有节奏地往前跳。练习一段时间后，请幼儿分别来表演自己的新本领。）

5. 结束部分

（1）幼儿脱下布袋，叠好放回原处，听音乐做放松动作。

（2）活动结束后，幼儿和教师一起收拾好积木、树等物离开场地。

五、活动延伸

（1）教师把材料放在一旁请幼儿自由探索跳跃的其他玩法。

（2）教师拓展幼儿的创新思维，组织幼儿在美工区进行再制作，变成其他形象的体育材料，这样既提高了幼儿的动手动脑能力，又丰富了幼儿自主游戏的内容。

六、活动评析

这节活动是以游戏的形式来贯穿，幼儿很感兴趣，积极参与活动。活动过程中，教师利用示范、指导、启发等多种方法来引导幼儿练习双脚行进跳的动作，便于幼儿接受、模仿和练习。在活动中，幼儿在自由练习和集体游戏中有效地掌握了合作行进跳的动作技能，增强了动作的

协调性和控制能力，腿部肌肉得到了锻炼。另外，整个活动安排自然，分散练习与集中练习相结合，动静交替，而且能用游戏的方式来巩固发展幼儿的动作。

【本章小结】

◆ 学前儿童体育是在遵循0～6岁学前儿童身心发展的特点和规律的基础上，融保育与教育为一体的特殊的教育领域。

◆ 学前儿童体育不仅能促进学前儿童身体的健康发展，同时对学前儿童的心理以及社会性的发展都具有积极的影响作用。

◆ 学前儿童体育活动的基本内容包括：学前儿童基本动作的练习；学前儿童基本体操的练习；学前儿童运动器械的练习；学前儿童体育游戏。

◆ 在实施学前儿童体育活动时，必须考虑其特点，遵循其内在的规律，使体育活动更加科学化、合理化，让学前儿童体育真正成为促进儿童身心健康的教育。

◆ 学前儿童体育活动的组织原则：全面性原则；经常性原则；适量性原则；多样性原则。

◆ 学前儿童体育活动的组织形式：早操活动；户外体育活动；集体体育教学活动；室外体育活动；野趣活动；亲子运动游戏；其他形式的体育活动。

【本章练习】

一、思考题

1. 简述学前儿童体育的内涵。

2. 论述学前儿童体育的价值。

3. 简述学前儿童体育的特点。

4. 学前儿童体育在实施中需遵循哪些规律？

5. 学前儿童体育活动各组织形式有哪些指导要点？

二、实操题

1. 设计一次活动方案并组织相应的学前儿童体育活动。

2. 调查周围一所幼儿园体育活动的组织形式。

第七章

学前儿童心理健康教育

【本章学习目标】

◆ 掌握学前儿童心理健康的标准；

◆ 明确学前儿童心理健康教育的内容。

学前期是学前儿童形成安全感和乐观态度的重要阶段，是其心理状态奠基的阶段。心理问题的可追溯性已经让研究者们越来越多地关注孩提时期的心理成长。学前儿童心理发展相对被动的特点使得有效的心理健康教育尤为重要。要重视学前儿童心理健康教育，重视环境对其心理成长的重要作用，创设有利于他们成长的条件，尽可能排除或巧妙利用不良因素，全方位入手，增进其心理健康，为他们健全人格的发展打下良好基础。

【引导案例】

"影子"里的孩子

俊俊在班里是一个性格孤僻的孩子，入园后他总是不愿与老师交流，不愿意与小朋友在一起，宁愿一个人缩在墙角，拒绝参加一些游戏活动，总以审视的眼光来关注周围的人和事，有时还采取抵触情绪，不愿从"自我中心"中走出来，而且自尊心很强。他每次小便总是害羞不愿与老师讲。我们对他采取了很多的办法，但是效果不是很大，俊俊还是很孤僻，就像一个总在"影子"里的孩子。

父母是孩子的第一任老师，而老师又是孩子的领路人和心目中的权威。如果任由不良心理蔓延、扩散，就很可能产生错误的心理定势，从而引发人际关系障碍和许多行为上的困扰，妨碍学习、生活和人际交往的正常进行，甚至可能会危害终身。可是，怎样引导更为科学有效呢？

第一节　学前儿童心理健康教育概述

一、学前儿童心理健康教育的重要性

心理健康教育是现代教育的主题，也是学前教育的主题之一。飞速发展的社会要求公民不仅要有良好的智能素质，更要具有健康的心理，具有面对现实，不怕困难，开拓进取的精神，具有关心他人、家庭、社会、自然的意识和责任感，具有合作、交流的能力和创新精神，具有自主、自信、自强的人格品质。

幼儿处在心理成长发展的关键时期，他们具有巨大的发展潜力与可塑性。由于他们在心理上极不成熟，自我调节、控制水平较低，自我意识还处在萌芽状态，极易因环境等不良因素的影响形成不健康的心理。目前，幼儿中相当普遍地存在着独立性差、心理脆弱、怕苦畏难、任性、不懂得关心人、缺乏合作交往意识和能力、自控能力差等问题。不少幼儿还存在种种心理和行为偏差，如孤僻、攻击性行为、胆怯、多动、情绪障碍等等。这种状况如不加以重视，势必影响一代人的素质。因此，重视和加强学前儿童心理健康教育是学前教育改革中一个极其重要和无法回避的课题。

二、学前儿童心理健康的标准

学前儿童心理健康是指其心理发展达到相应年龄组学前儿童的正常水平。一般认为，学前儿童的心理健康可以从动作、认识、情绪、意志、行为及人际关系等方面衡量。

1. 动作发展正常

动作是反映学前儿童生长发育的重要指标，也是制约学前儿童心理发展的因素之一。学前儿童动作的发展与脑的形态及功能的发育密切相关，因此学前儿童躯体大动作与手指精细动作的发展水平是否处于正常范围，是衡量其心理健康与否的重要标志，具体见表 7-1。

表7-1　学前儿童大动作与精细动作的发展标准

月份	大动作	精细动作
1个月	俯卧时试举抬头	腿、臀双侧动作对称等同； 视线能随目标移动90°
2个月	抬头时，脸与水平桌面约呈45°	—
3个月	—	手指能互相接触
4个月	抬头时，脸与水平桌面约呈90°； 扶小儿坐时，举头正而稳，不摇动	视线能随目标移动180°； 手指接触摇铃能握住
5个月	俯卧时手臂能支撑身体抬起胸	坐在家长腿上，能伸手朝向桌面上的玩具
6个月	扶站时腿能支撑体重片刻； 拉坐时，头部始终不后垂	能自己拿着饼干吃； 手中握着一块方木，又能注意到第2块方木
7个月	会从俯卧转向仰卧或仰卧到俯卧的翻身； 能独坐5s或更长时间	两只手能同时各握一块积木
8个月	能扶着硬物体站立5s或更多时间	能把一只手中的积木递交到另一只手
9个月	—	会用两指抓握小丸（小丸泛指小的颗粒物，如维生素药片、花生米等）
10个月	会从站到自己单独坐下	能拿取放在桌上的小方块作相互敲击
11个月	扶站时能把脚提起片刻	会用拇指和食指抓握小丸，手掌不接触桌面
12个月	会扶着家具行走； 能独立站2s或更多时间	—
12～15个月	不撑住地面能单独弯腰拾起玩具； 步行自如，左右不摇摆	—
15～18个月	能向后退两步或更多步	能叠稳两块方木； 会在纸上有目的地画线； 经示范能把小瓶（口径1.5cm左右）内的丸粒倒出

续表

月份	大动作	精细动作
18～21个月	不扶任何物体会将球向前踢出	能叠稳4块方木而不倒
21～24个月	—	不经示范能把丸粒倒出小瓶外
2岁～2岁半	能举手过肩抛； 会双足同时离地向前跳； 能不扶物体独脚站直1s或更长时间	模仿画长于2.5cm、斜度不超过30°的直线
2岁半～3岁	会骑儿童三轮车； 能单足跳过21cm的宽度	能模仿成人搭"桥"等简单积木； 能叠稳8块方木而不倒
3岁～3岁半	—	不受方向的限制，能比较出两条画线的长短； 会模仿画闭合的圆形
3岁半～4岁	能用一只脚独立站5s或更多时间 （做3次至少成功2次）； 不扶任何物体独脚连续跳2次或更多次	经示范，会画出在任何点上相互交叉的两条线
4岁～5岁	能脚跟对着脚尖向前走4步或更多； 能单足立10s或更长时间	能画出人体3个或更多部位； 模仿画出正方形
5岁～6岁	能抓住蹦跳的球	能画出人体6个或更多部位

*1岁以上幼儿以3个月为一年龄组，故年龄跨度较大，在该年龄组里的项目不要求全部通过，但该年龄组以前的项目要求全部通过。

2. 认知活动积极

一定的认知能力是幼儿生活与学习的重要前提，正常的认知水平是幼儿平衡与协调自己与周围环境的基本心理条件。客观来讲，幼儿的认知发展存在个体差异，但若某幼儿的认知水平明显低于同年龄幼儿，且不在正常范围之内，则可以认定该幼儿的认知能力是低下的，心理也是不健康的。

3. 情绪积极向上

积极的情绪状态反映了个体中枢神经系统功能的协调性，也表明个体的身心处于良好的平衡状态。幼儿的情绪具有很强的冲动性与易变性，随着年龄的增长，其情绪的自我调节能力有所增强，稳定性也逐步提高，并且开始学习合理地疏泄消极情绪。如若某个幼儿经常处于消极的情绪状态，如整日闷闷不乐，或烦躁难安，那么该幼儿的心理可能是不健康的。

4. 人际关系融洽

对于幼儿来说，交往活动是一种全新的人际体验，它既是维持幼儿心理健康的重要条件，也是其心理得以健康的必要途径。心理健康的幼儿乐于与人交往，能与同伴合作，并于合作中获得快乐的体验；心理不健康的幼儿，其人际关系往往是失调的，他们或远离同伴，或攻击同伴，人际距离感异常，容易成为群体中不受欢迎的人。

5. 性格特征良好

性格是个性中最核心、最本质的表现，它反映在个体对待客观现实的稳定态度和习惯化行为方式中。心理健康的幼儿，一般都具有热情、勇敢、自信、主动、合作等性格特征；心理不健康的幼儿，则往往带有胆怯、自卑、孤僻、偏执等性格特征。

6. 没有严重的心理卫生问题

心理卫生也称精神卫生，其内容十分广泛。不同年龄阶段有不同的心理特点，心理卫生的内容也不尽相同。人在不同年龄阶段，各有一定的生理特点与心理特点，若心理冲突得不到有效解决，就会出现与冲突相联系的心理卫生问题。心理健康的幼儿没有严重或复杂的心理卫生问题；有严重心理卫生问题的幼儿却可能以各种方式表现出来，如口吃、多动、遗尿、吮指等。

【微知识】

心理健康的标准

美国心理学家马斯洛和米特尔曼提出的心理健康的10条标准被公认为是"最经典的标准"：

（1）充分的安全感；

（2）充分了解自己，并对自己的能力作适当的估价；

（3）生活的目标切合实际；

（4）与现实的环境保持接触；

（5）能保持人格的完整与和谐；

（6）具有从经验中学习的能力；

（7）能保持良好的人际关系；

（8）适度的情绪表达与控制；

（9）在不违背社会规范的条件下，对个人的基本需要作恰当的满足；

（10）在集体要求的前提下，较好地发挥自己的个性。

第二节 学前儿童心理健康教育的内容

学前儿童的心理自我调节能力尚处在低水平状态，因此，心理健康教育的引导非常重要。学前儿童心理健康教育的主要内容有：帮助他们学习表达和调节情绪的方法，学习社会交往的技能，养成良好的习惯，对其进行必要的性教育，同时预防和矫治一些常见的心理障碍和异常行为，从整体上提高他们的心理健康水平。

一、引导幼儿表达和调节自己的情绪、情感

情绪、情感是影响幼儿心理健康的一个重要因素。这一阶段幼儿的情绪、情感明显带有易冲动、易传染、易变换的特点。他们缺乏对情绪、情感的一般控制力，对表达方式的选择也没有目的性与主动性，情绪、情感的表露迅速而直接。因此，在教育过程中，要引导幼儿逐步认识、理解、评价引发情绪反应的情境，知道只有合理可行的要求才有可能得到满足；引导幼儿学习以语言与非语言结合的方式有效表达自己的情绪、情感，逐步培养他们控制、调节自己情绪的能力。

二、初步锻炼幼儿社会交往能力

人的社会属性决定了人的心理健康要有一定的人际交往做支撑，在社会交往中体验归属与爱。幼儿的这种体验主要是从一般的同伴群体中获得，并在体验中形成初步的社会交往能力，这种能力的形成对幼儿心理的健康发展是十分重要的。因此，在教育过程中，要引导幼儿学习感知他人的情感，体察他人的需要，并以恰当的方式回应；学习互助合作、分享；知晓并能使用基本的礼节；能比较自然地达成自己与周围环境的协调与适应。

三、初步锻炼幼儿独立生活和学习的能力

"独立"是幼儿社会化的过程中必备的能力。独立性的培养起始于学前阶段。这一阶段的幼儿既渴望独立，又缺乏独立的技能。针对这一特点，在教育过程中，要着力引导幼儿自己的事情自己做，不依赖他人，日常活动中做到有主见，独立思考问题并尝试解决，从中体验独立自主、获得成功的喜悦；同时，掌握一定的自我保护技能，培养独立自信的个性心理品质。

四、促使幼儿养成良好的生活习惯

我们常说，习惯成自然。习惯是一定情况下较为固定的、自动化的行为倾向，是一种信念与行为的定势，积久养成，成为个性化很强的生活方式。良好的生活习惯与身心健康、生活质量、幸福指数等密切相关。培养幼儿良好的生活习惯，将会对其一生产生积极深远的影响。学期教育阶段主要是培养幼儿良好的生活习惯、卫生习惯和行为习惯，在教育过程中，要格外注重一日生活中诸多细节的渗透，点点滴滴，运用"21天"法则，榜样示范、家园协同，促使幼儿养成受益终生的良好习惯。

五、进行必要的性教育

性教育是全球性的基础教育命题，是对受教育者进行有关性科学、性道德和性文明教育培养的社会化过程。幼儿性教育是性教育的起始期，也是最重要、最关键的时期，具有奠基意义。幼儿对自己性别的认识，对自己社会作用的认识，以及性意向的发展，都是其社会化过程的重要组成部分。这一发展结果，不仅影响幼儿期的心理活动和行为特征，而且关系到最终个性的形成，直至影响其一生。幼儿性教育主要基于"正确的性别认知"展开，引导幼儿确立性别同一性，知晓性别角色，并掌握基本的性卫生知识。

六、预防心理障碍与行为异常

心理障碍与行为异常重在预防。幼儿因其遗传、教养环境与方式以及突发事件的刺激因素等等，极易引发心理障碍与行为异常，又因其年龄所限，导致干预与矫治较为被动。因此，在教育过程中，教师要依照幼儿心理健康的标准，秉承"大健康教育观"的理念，通过观察、调查、诊断等方法，及早发现幼儿的各类行为问题及心理障碍，全面分析原因，并采取有针对性的措施，有计划地进行早期矫治。

【微知识】

正面管教是一种既不惩罚也不娇纵的管教孩子的方法，其理念是"和善与坚定并行"，认为只有在"和善与坚定并行"的气氛中，才能培养出孩子的自律、责任感、合作以及解决问题的能力，主要包括以下内容。

（1）相互尊重。成年人通过尊重他们自己和情形的需要来示范"坚定"，通过尊重孩子的需要来示范"和善"，帮助孩子从中学习到尊重和接纳差异、站在他人角度看问题的能力。

（2）发现孩子行为背后的信念。有效的管教模式会通过了解儿童行为背后的原因、引导孩子改变信念，这样做远比直接试图纠正他们的行为有效得多。

（3）有效的沟通技巧和解决问题的能力。让孩子从中学会求同存异、发现共同目标，学会与他人合作以及促使别人乐于与自己合作的能力。

（4）教会孩子优良社会品格和生活技能。

（5）专注于解决问题，而非惩罚。

（6）鼓励。鼓励关注的是努力与提高，而不是成功的结果。鼓励帮助孩子建立长期的自尊和自我驱动的授权，以及内在的自我价值评价体系。

第三节 学前儿童心理健康教育的实施

学前儿童心理健康教育的实施是全天候、全方位、无处不在的教育，小到教师注视幼儿的眼神，大到幼儿园的环境创设都是在实施心理健康教育。学前儿童心理健康教育的主要途径如下。

一、切实落实到教育行为上

实施心理健康教育关键是落实到教育行为上。教师要尊重幼儿的心理权益，在幼儿园的各种活动中，要努力用亲切的微笑驱散幼儿的自卑，用信任的目光消除幼儿的胆怯，用慈爱的抚摸鼓励幼儿的进步，用赞赏的话语肯定幼儿的成功。负面情绪可以有，但不能常驻幼儿心里。"你真棒""老师相信你能行""别害怕，你一定会成功"，将这些满含动力的语句注入幼儿的心田，唤起他们活泼自信、探索世界的天分。

二、在环境中渗透教育

学前儿童心理健康教育是"一体化"的。"一体化"是指幼儿园、家庭和社区共同关注，形成合力，开展学前儿童心理健康教育。幼儿园是生态环境中学前教育子系统的支柱，对学前儿童的教育起着导向作用。幼儿园应该主动与社区沟通，优化社区的教育环境，使幼儿的心理从自然的、社会的、规范的环境中得到健康发展。家庭是幼儿赖以生存和发展的社会组织，家庭环境的教育功能会影响幼儿的健康发展。

1. 幼儿园环境

幼儿园环境包括创设有利于幼儿健康心理养成的物质环境，如为幼儿创造温馨的生活空间，小班幼儿的桌椅是粉红的，中班幼儿的桌椅是柠檬黄的，大班幼儿的桌椅是湖蓝的；幼儿园大环境中创设了富有童趣的可以玩沙、玩水的小世界。同时，营造一种良好心理素质培养的心理氛围更不容忽视，如和谐温馨的师幼关系、友好合作的伙伴关系，团结互助的教师之间的关系，使幼儿在这种良好的心理氛围中产生"心理安全"和"心理自由"，促使其健康心理的养成。

2. 家庭环境

温馨的家庭环境是幼儿形成良好心理品质的摇篮。要把端正家长教育观念、改进家长教育方式、促进家长自身素质提高、完善这一工作放在家长工作的首位。如定期开展相关内容的家长讲座，每月出一份相关内容的家园小报，利用家长园地、家长观摩活动、家教经验交流等途径加以宣传。许多家庭能主动配合学校做好自己小家庭中的物质、心理方面的准备，为幼儿养成健康心理打下扎实的基础。

3. 社区环境

走向社会、争取社区的支持也是培养幼儿健康心理的不可忽视的重要手段之一。能抓住每一契机，如在"暖暖社区关爱浓"活动中，通过开展"向小区爷爷、奶奶问个好"等活动，帮助幼儿树立"关心能使人快乐"的意识，逐步积累合作、乐群的品质，储备健康的心理因子。

三、一日生活中的心理健康教育

1. 游戏活动中的心理健康教育

喜欢游戏是幼儿的天性，一日活动中游戏是贯穿于始终的活动。除了游戏本身的教育作用外，将学前儿童心理健康教育融合于游戏中，就能发挥游戏的增效作用。集体游戏是合群性养成、独立性培养的极好手段。例如，在角色游戏中，幼儿通过对游戏主题的确立、角色的选择、情节的发展等活动，学会如何与同伴友好相处，这对自我意识的良好发展、合群情感的发展，社会化和个性化的协调发展，无疑是有意义的。

如今，借助各种新型器械而兴盛起来的各类游戏被幼儿园广泛采纳，但切不可忽视各类传统游戏的教育功能，如棋类游戏、翻绳游戏不仅有利于开发幼儿智力，而且对幼儿心理的健康发展也有一定效果。

棋类游戏

在实践中，我们认识到不是所有的游戏对心理健康教育都是行之有效的、有意义的。学前儿童心理健康教育游戏应该是具有目标性和针对性，可以归纳为三个原则：游戏的功能性原则；幼儿需要原则；针对性原则。依据三大原则灵活采用一些有心理健康教育内容的角色游戏、体育游戏等。通过游戏，让幼儿体验合群的愉悦，增强合群意识，提高合作的能力。

2. 教学活动中的心理健康教育

我们的心理健康教育不是增加一日活动环节，也不是替代原有的教学活动，而是把教学活动内在的、潜在的因素挖掘出来，根据幼儿的心理特点、发展的需要，更好地发挥教学活动中心理健康教学活动的教育作用，而不是流于形式；也不是对原有材料中内含的心理因素视而不见，不考虑幼儿的心理反应，一味地灌输渗透或是把各类教学活动互相割裂开来。可以在活动组织形式上采用融合模式，实现"跑班制"，打破班级界限，从单一的同龄伙伴交往发展到混龄伙伴交往，扩大了幼儿交往场合和机会，提高了他们的合群性。

3. 日常生活中的心理健康教育

大量的日常生活是幼儿人际交往对象相对频繁和心理品质自然显露的时刻，生活需要合群，合群性可以在生活中培养。利用幼儿园的生活活动进行随机教育，设立生活角，开展编织、绣花、扣纽扣等活动，使幼儿在共同合作中锻炼能力，感受一种群体感。

4. 体育活动中的心理健康教育

体育活动不仅能促进幼儿大脑的发育，更是促进其合群行为发展的有效方法。尤其是感统训练，对培养幼儿的团队精神、合作能力、人际沟通能力等良好的心理品质和道德品质都很有益处，可以实现幼儿身体与心理的发育同步提高、相互促进的目的。

四、注重心理健康教育的个别化

1. 开展个别辅导

幼儿合群性发展水平存在差异，每个幼儿都是独一无二的。重视对幼儿的个别辅导，是取得心理健康教育实效的重要途径。组织案例讨论，学习幼儿心理卫生的理论知识，提高实际操作能力，从大量的案例中积累经验，这些都有助于揭示学前儿童心理健康教育工作中的规律。

2. 常见问题行为的干预

心理矫治也是面向全体学前儿童不可缺少的一项工作。（关于学前儿童常见问题行为的矫治，第八章会做详细介绍）

心理健康教育是现代教育的重要标志。作为学前教育工作者必须正确认识心理健康教育的内涵和意义，进一步了解心理健康教育的目标、内容和原则，通晓其实施途径、步骤和方法，有助于提高办园质量，促进幼儿的心理健康，使幼儿得到全面发展。

【实践项目】

实践项目：一起开心吧（中班）

一、活动目标

（1）幼儿懂得情绪愉快有利于身体健康。初步学习使用正确的方式排解不开心的情绪。

（2）幼儿逐渐养成积极乐观的生活态度。

二、活动准备

4个玩偶、1个开心枕

三、重、难点分析

幼儿学习用正确的方式排解不开心的情绪。

四、活动过程

1. 感受快乐

拍手入场，进行"开心碰碰碰"的游戏。

2. 开心与烦恼

预设导语如下：

（1）"刚才玩得真开心，你们想想平时你还遇到过什么开心的事？"

（2）"开心的时候你会怎样？"（用动作表现）

（3）"除了开心的事，我们还会遇到一些不开心的事，谁来说一说你都遇到一些什么不开心的事？"

（4）"不开心的时候你会怎样？"（用动作表现）

（5）"你喜欢开心的自己还是不开心的自己？"

小结：

生气不仅不让人喜欢，还会对我们身体产生坏的影响。生气的时候，人吃不下饭，睡不好觉，身体越来越差，所以我们要尽量不让自己生气，把生气这个坏习惯消灭掉。

3. 化解不开心

预设问题如下：

（1）"谁知道什么是消气商店？"

（2）"我们来看看谁来消气商店了？"

（3）教师依次出示小动物，请幼儿帮他们想办法。

（4）"你觉得消气商店好吗？为什么？"

（5）"如果你生气了，你会想哪些办法让自己消气呢？"

五、活动评析

喜、怒、哀、乐之情人皆有之，但快乐作为一种积极情绪却是心理健康的重要标志之一。对于幼儿的成长尤为重要。愉快的情绪既来自于成人的关怀呵护，更取决于幼儿自身的主观体验。本次教育活动，通过情境体验的方式让幼儿学会如何保持愉快的心情，并采取多种方式排解已经出现的消极情绪，为快乐的人生奠定基础。

实践项目二 观察日记：多多的小情绪（小班）

情绪对幼儿的认知发展、个性形成等起着重要的作用。有的幼儿常常处于激动的情绪状态，在高度激动的情绪状态时，他们完全不能控制自己，大哭大闹，大喊大叫，短时间内无法平静。面对这样总是有"小情绪"的孩子，该怎么办呢？

一、背景

1. 生活背景

多多是一个 3 岁的小班幼儿，满月后一直由奶奶喂养，和奶奶生活在一起。两人感情非常深厚，多多上幼儿园也是奶奶接送，多多对父母亲的依恋没有对奶奶的深。

2. 案例背景

小班幼儿离园的时间，教室门口已经有家长在等候，有几位家长在窗户边探头张望。

【实录】

有一天放学时，多多离开自己的座位向门口跑，随即又退回到自己的座位，很委屈的样子。

妈妈推门进来，抱起多多。

"奶奶呢？我要奶奶！"

"奶奶在家呢。"

"不要不要，我要奶奶接！"多多哭了。

"奶奶的脚扭了，不能走路，妈妈带你回家。"

"不要，不要，我要奶奶来带我！"边哭闹边推妈妈。

妈妈耐心地讲着，多多越哭越厉害。

面对越来越多的家长，妈妈一脸尴尬。终于，妈妈失去了耐心。"你不想跟妈妈回家就一个人待着，我走了。"妈妈生气地放下多多，装着要离开。

多多哭得更厉害了。

束手无策的妈妈满脸祈求地望着站在教室门口的老师。

老师走到多多身边，轻轻地拍着多多，将多多抱到怀里，边给多多擦眼泪边说："多多乖，多多不哭，让老师来帮助你，好不好？""好。"多多抽抽搭搭地说。

"多多现在很伤心吧，你告诉老师，是什么事情让多多这么伤心呢？"这话问到了伤心处，还没等老师说完，多多又大声地哭了起来，"我不要妈妈带我回家，我要奶奶带我回家。"

"噢，老师知道了，多多每天跟着奶奶，最喜欢奶奶，幼儿园里待了一天，最想见到奶奶，是不是？"这下可说到了心坎儿了。

"妈妈说，奶奶的脚扭了，不能来带多多了，我们先跟妈妈回家，快点见到奶奶，好吗？"

"不要不要，奶奶脚没扭，早上是奶奶送我来的，我要奶奶来带。"

"噢，是这样。那我们先给奶奶打个电话，老师也想知道奶奶的脚到底怎么样了，好吗？"

多多在老师说出"打电话"开始，嘴巴里就不停地答着"好，好"，同时，哭声停止了，情绪也慢慢地平静下来了。

老师带着多多打电话。多多对着电话说着，脸上阴转多云，来到妈妈身边，脸上竟有了笑容，"快回家看奶奶！"妈妈如释重负。

二、分析

从案例来看，多多产生消极情绪的原因主要有以下几点。

1. 奶奶没有来接多多

奶奶没有来接多多，是多多产生消极情绪的直接原因。其实许多在成人眼里算不上事儿的事情，在孩子幼小的心里往往是很大的压力，成为他们消极情绪的源头。儿童心理学告诉我们，由于受生理、心理发展水平的制约，幼儿一旦产生消极情绪，便难以自我排遣，往往需要借助外界力量才能得到较好的控制与调节，而多多的妈妈没有意识到这一点。

2. 对奶奶的依恋情结

对奶奶的依恋情结是消极情绪产生的间接原因。从满月开始，多多一直由奶奶喂养，连晚上睡觉都跟奶奶一起睡，在奶奶的长期呵护中，建立了牢固的亲情依恋，而妈妈与他的亲子关系相对单薄。从亲情这个角度来看，前面场景中妈妈的尴尬与难堪是妈妈自己造成的，因为与孩子的相处太少，缺乏交流和沟通，致使与孩子的亲和力远远弱于奶奶。

从案例来看，多多情绪转变的原因是什么呢？

1. 教师对多多情绪的认同

妈妈的"恐吓"对多多来说无济于事，"主动移情说"认为：在日常社会中许多孩子都明显地表现出主动移情的倾向……主动移情的迫切冲动，就会导致痛苦和气恼，或者掉眼泪。孩子的主动移情无论是痛苦还是快乐，在获得关系对象的接纳之后，他们会感到满足和幸福。而多多之所以伤心流泪，是因为妈妈拒绝移情，而教师的拥抱、抚摩、擦眼泪等安抚动作以及温柔的认同的话语，其实也就是接纳了多多的移情，从而使他的兴奋点逐渐减弱。老师的"认同"转变、稳定了多多的情绪。

2. 教师对多多情绪的尊重

处理时，教师对幼儿的做法和行为不随便指责，对幼儿的情绪不冷漠轻视，站在幼儿的角度，换位思考，感受幼儿的感受，体验幼儿的体验，采用角色对等的语言，如"哦，你一定很伤心……""如果是我，我也会很伤心"等，来缓冲矛盾，从而使多多接纳了教师的解决问题的方法。

三、反思

1. 把握心理学上"迁移法"的运用

一直以来，面对幼儿的消极情绪，我们通常采用心理学上"迁移"的做法来转移幼儿的情绪方向，譬如"你不哭，我就……""你再哭，我就……"等利诱、要挟（多多妈妈就是如此），以胁迫幼儿情绪改变。在教育幼儿的过程中，"迁移法"有其作用，甚至有立竿见影的效果，但是我们更应看到，幼儿虽然一时间因为物质的诱惑或亲情终止的威胁而做出情绪的转变，一旦看到物质的需求未能满足或者亲情终止只是戏言，那么暂时的转变就不稳定。有时"迁移法"效果只是短效，治标不治本，更主要的是幼儿不能学会对情绪冲动的控制能力。

2. 自觉接纳、认同幼儿

面对处于消极情绪状态的幼儿，作为教师，应及时把握情绪转换的契机，化被动为主动，使变化为稳定。心理学上的"认同"对幼儿情绪的稳定有着重要的作用，它是建立在对幼儿心理发展、情绪变化规律的科学认知与把握的基础上。"认同"首先要求教师从心底里承认幼儿消极情绪产生有其一定的合理性，这样才会在有效处理幼儿情绪、稳定情绪中提供重要的信度保证。当然更重要的是在幼儿接纳你以后，教师应该拿出办法来。如案例中，老师采取了先认同多多的伤心难过，又带多多打电话给奶奶的方法，如果教师只停留在语言安抚、肌体安抚、角色对等阶段，而无解决具体问题的良策，那么幼儿的情绪虽稳定但难以持久。

3. 合理疏导幼儿的情绪

一个人情绪所处的状态不仅关系他的身心健康，而且影响着他的认知潜能的发挥与人格的和谐发展，这对于幼儿来说更为明显。《纲要》中也提到"幼儿园必须把保护幼儿的生命和促进幼儿的健康放在工作的首位，树立正确的教育观念，在重视幼儿身体健康的同时，要高度重视幼儿的心理健康。"由于幼儿的情绪带有明显的易变性、易感性、一致性，所以作为教师在日常生活中应仔细观察幼儿，及时察觉幼儿的情绪变化，特别在幼儿的情绪处于消极状态时，更应及时给予抚慰和调整，使之尽快摆脱不良情绪的影响，以求达到相对稳定的情绪状态，建立起安全感和对周围环境的信任感，从而培养良好的心态，促进幼儿健康成长。

4. 通过不同渠道提高家庭教育水平

父母是幼儿教育的重要成员，是幼儿的第一任老师，父母对家庭教育知识的掌握，直接关系到幼儿各方面的发展和提高，所以我们应该通过社区辐射等渠道提高家教水平，促进幼儿身心健康发展。

【本章小结】

◆ 学前儿童心理健康的标准有：动作发展正常、认知活动积极、情绪积极向上、人际关系融洽、性格特征良好，没有严重的心理卫生问题。

◆ 学前儿童心理健康教育的内容有：引导幼儿表达和调节自己的情绪和情感；初步锻炼幼儿社会交往能力；初步锻炼幼儿独立生活和学习的能力；促使幼儿养成良好的生活习惯；进行必要的性教育；预防心理障碍与行为异常。

【本章练习】

一、思考题

1. 试述学前儿童心理健康的标准。

2. 试述学前儿童心理健康教育的内容。

3. 试述学前儿童健康教育的途径。

二、实操题

1. 随访几位幼儿的家长，了解他们对幼儿心理健康的理解。

2. 调查周围一所幼儿园心理健康教育的实施路径。

第八章

学前儿童常见问题
行为处理办法

【本章学习目标】
◆ 了解学前儿童常见问题行为的表现及成因；
◆ 掌握几种常见问题行为的矫治。

在实践工作中，我们总会发现有些幼儿的行为偏离常态，一般的教育行为在他们身上收效甚微。出现问题行为的幼儿在群体中的位置普遍边缘化，这不仅对问题行为幼儿本身的心理发展有重大影响，也会干扰到正常的班级建设。因此，要重视学前儿童问题行为的诊断与矫治，尽最大可能保障每个幼儿的健康成长。

【引导案例】

打碎杯子之后

4岁的男孩凯凯在家里跑动时不小心碰倒桌子，碰坏了妈妈刚刚买来的杯子，妈妈回来后当然很生气，质问凯凯怎么回事，凯凯胆怯地说：猫咪刚才从桌子上蹦过去，碰坏了杯子。妈妈明知凯凯在撒谎，更是气不打一处来，朝凯凯的小屁股狠狠地揍了几下。

哲学家罗素说过："孩子不诚实几乎总是恐惧的结果。"美国著名儿童心理学家基诺特分析儿童说谎的原因时也说："说谎是儿童因为害怕说实话挨骂而寻求的避难所。"2～3岁的幼儿已经有了一些基本的是非判断，当他们发现自己做错事时，会本能地害怕随之而来的惩罚，特别是已经有过做错事被训斥、惩罚的经验，这就是常见的一种幼儿说谎行为的原因。

因此，妈妈不要为了让孩子说真话而一个劲地盘问，那样只会使孩子把谎话编得越来越圆。为孩子创造一种说真话的宽松环境，告诉孩子人都会犯错，应当勇敢地承认，下次注意就行了。当孩子主动说了实话后，首先要表扬孩子的诚实，然后再妥善处理孩子的错误。

第一节　学前儿童常见问题行为概述

一、学前儿童问题行为的界定

每个幼儿都会发生不同程度的心理问题，就如每个幼儿都会生病一样。在身心发展的某些阶段，幼儿出现一种或少数几种偏异行为的现象是十分普遍的。如果对部分幼儿的异常心理不给予关注和帮助，那么教育就相当于没有面向全体幼儿。每个幼儿都有可能需要心理矫治服务，因此正确认识矫治的全体性，有利于提高幼儿心理卫生重要性的认识和幼儿心理卫生工作的水平。

学前儿童问题行为是指在严重程度和持续时间上都超过了相应年龄所允许的正常范围的异常行为。具有问题行为的幼儿与正常幼儿相比，通常具有交往不良、抽象思维能力较弱、情感不稳定、抑郁不安、自律性差和紧张焦虑等特征。

问题行为的表现一般可概括为以下3个方面。

（1）行为不足。行为不足指人们所期望的行为很少发生或从不发生。如某些幼儿很少讲话，不愿和同伴接触、交往，智力迟滞，不会自己穿衣服和吃饭等，都是行为不足的表现。

（2）行为过度。行为过度是指某一类行为发生太多。比如幼儿上课时经常精力不集中。做小动作，走来走去，一天要洗许多次手或经常咬手指甲都是行为过度的表现。有些正常行为如果发生次数太多也会成为问题行为。

（3）不适当行为。不适当行为是指期望的行为在不适宜的情景中产生，但在适宜的条件下却不发生。如幼儿将玩具放在垃圾堆里，或在悲伤时大笑，在欢乐时却大哭等。

二、学前儿童问题行为的成因

1. 自身因素

（1）发育因素。幼儿问题行为的出现与幼儿成熟度有关。遗传、脑损伤、怀孕期及围产期受损、新生儿缺氧，婴幼儿期的中枢神经系统感染、中毒、外伤及重度营养不良等均可导致幼儿神经系统特别是脑的发育迟缓或异常，是构成日后幼儿问题行为的危险因素。其中，母孕期有害因素和新生儿疾病是幼儿行为问题最重要的生物学危险因素。

（2）气质特点。婴幼儿气质类型可分为温顺型、难育型和启动缓慢型，后两种气质特点易使幼儿发生多种行为问题。难育型气质是脆弱因素，婴幼儿期难育型气质可影响幼儿以后的行为，而积极的气质特点和良好的亲子关系，可以减弱应激对幼儿行为的不良作用。有研究证明，婴幼儿的某些气质特点影响儿童的心理活动和行为，影响幼儿的同伴关系并可持续到成年。有行为问题的幼儿一般在集体中都处于不受欢迎、受到拒绝或忽略的地位，遭受拒绝的幼儿最易产生攻击和破坏行为，而被忽略的幼儿在各个方面的积极性都较低。

2. 家庭因素

（1）家庭教养因素。对幼儿行为产生不良影响的家庭教养因素包括父母养育技能缺失、父母角色能力不足以及父母不良的人格特征和行为模式等。有效的养育技能对于培养幼儿正确的行为方式有着十分重要的作用。父母长期的否认、拒绝、冷漠等养育态度与方式，可能损害幼儿的情绪控制和表达技巧，致使幼儿常常采用直接的攻击行为来表达其愤怒和内心感受；或者使幼儿的主动性和积极性受损，不愿尝试学习新经验，从而出现社交退缩、多动等行为问题。

（2）家庭环境因素。这里的环境指的是"软环境"。家庭环境是影响幼儿行为环境因素中最基本、最重要的组成部分。父母间的关系与行为、文化素质、价值观念包括生活习惯都会对幼儿心理行为的形成产生潜移默化的影响。

3. 社会因素

"蓬生麻中，不扶而直"，良好的社会环境包括幼儿居住地区的社会风气和学习环境会使幼儿的行为向好的方面发展，有助于减少幼儿行为问题的发生；反之，会增加幼儿行为问题如品行障碍的发生，如"破窗效应"①对幼儿行为的浸润。

第二节　学前儿童常见问题行为的矫治

　　结合幼儿的年龄特点，常见问题行为的矫治通常使用行为训练法，但考虑到幼儿气质类型的差异性，在实践操作中也要因人而异，如对胆怯倾向型的幼儿运用行为塑造法，可取得良好效果；对孤独型、被动倾向型的幼儿运用认知行为疗法、暗示法等。这里介绍几种学前儿童常见问题行为的界定、成因及矫治。

一、攻击性行为

1. 攻击性行为的界定

　　攻击性行为是幼儿身上一种比较典型的侵犯行为，是外部可见的有意损害他人的行为。它主要表现在两个方面：一是身体侵犯，即利用身体的一些部位或借助工具伤害他人；二是言语攻击，如通过讥笑、讽刺、诽谤、谩骂等方式对他人进行欺侮。幼儿的攻击行为容易造成人际冲突，不利于形成良好的人际关系，阻碍幼儿个性和社会化的顺利形成。

2. 攻击性行为的成因

（1）教养方式

　　幼儿攻击性行为的形成与家庭的教养方式密不可分。采取放任型教养方式的父母，由于经

---

①　破窗效应：环境中的不良现象如果被放任存在，会诱使人们仿效，甚至变本加厉。

常采取忽视的态度，当孩子偶尔出现攻击行为时，父母放任自流而不是加以制止，于是便助长了幼儿攻击行为的进一步发展。强制型的父母对孩子严格实施规则，孩子的行为一旦不符合规则，父母就会表现出自己的愤怒和不亲切，他们很少考虑孩子正常的心理需求，对孩子经常的拒绝和排斥会引发儿童的挫折感，进而导致孩子的攻击行为，以便发泄心中长期积郁的不满。强制型的父母经常使用惩罚，不恰当的惩罚模式不但不能抑制有害、不良的敌意行为，还会滋长儿童的不良行为。在民主型的教养方式下长大的孩子具有健全的个性和良好的行为方式，很少有行为问题。

家庭氛围也是幼儿成长的软环境。一个经常争吵、家庭关系不和的家庭环境对幼儿会产生不利的影响。父母之间的冲突关系到孩子的攻击性和犯罪行为，如果子女经常目睹父亲打母亲，这个孩子有可能模仿这一行为，转而去攻击别人。离异家庭的幼儿，在社会性发展方面显著差于完整家庭的幼儿，容易表现出自卑、怯懦、冷漠等性格缺陷，并且具有不良的社会行为，如与同伴打架、攻击欲望特别强烈等。这部分幼儿之所以具有攻击性，一方面与模仿父母之间的攻击行为有关，另一方面也是幼儿宣泄自己的不良情绪。

（2）大众传媒

电视节目中暴力镜头屡见不鲜。研究已经证实，观看电视上的攻击性榜样能增加幼儿的攻击行为。过多的电视暴力会影响到幼儿的认识，让他们将暴力行为看作是解决问题的有效途径，于是幼儿便会模仿电视中的暴力行为而在现实生活中加以运用，孩子的分辨能力低，也使他们把暴力行为当成勇敢行为，在日常生活中去模仿，就引发了幼儿的攻击行为。

此外，自身气质特点、同伴影响也是引发幼儿攻击性行为的原因。

3. 攻击性行为的矫治

（1）关心每个幼儿，为幼儿创设温暖的集体

教师要真诚地去爱每一个幼儿，不能因为有些幼儿调皮或其他原因而认为是"差孩子"，批评、呵斥或冷漠置之，这些幼儿会因得不到老师的爱而孤独、自卑，于是便对周围不满，随之也就产生一些不良行为，如攻击性行为，所以教师要关心、尊重每一个幼儿，合理评价每个幼儿。教师还要创设一个温暖的幼儿集体，教育幼儿关心、爱护别人，当幼儿出现攻击性行为时，进行合理地制止、教育，减少攻击性行为的诱因。

（2）鼓励培养幼儿的亲社会行为

在日常生活中，当幼儿做出合作、分享等亲社会行为时，成人要及时表扬和鼓励，培养幼儿的利他行为，可以使幼儿在面对一个有可能引起攻击性行为的环境时，如缺少玩具、游戏场地狭小时而自觉做出一些利他行为，从而避免攻击性行为的发生。许多研究的实践已证明，培养幼儿的亲社会行为，可以有效减少幼儿攻击性行为的发生。

（3）培养幼儿的移情能力

移情是对他人状态的一种替代性的情感体验和反应。幼儿缺乏一定的移情能力。在攻击别

的幼儿时，他不能体会到他人所遭受的痛苦，也不会产生羞愧和内疚感。所以，成人可以通过培养幼儿的移情能力来减少攻击行为，当幼儿出现攻击行为时，要让其认识到他所造成的严重危害，并启发孩子：如果你被别人打了，你疼不疼？幼儿了解了他所造成的后果后，会产生内疚感，这种内疚感会使幼儿在以后的场合中，减少攻击行为的发生。

（4）为幼儿提供解决冲突的榜样

当幼儿面临冲突时，因缺乏解决冲突的恰当策略而很难自己缓解，成人可以训练幼儿利用亲社会行为如分享、合作让幼儿自己解决冲突，也可由成人的劝解来消除幼儿之间的冲突。当幼儿在冲突情境中自觉地利用亲社会行为解决了冲突时，成人一定要及时加以表扬，强化这一行为，一方面，能使幼儿继续采用这种方式解决冲突，减少攻击行为；另一方面，又为其他幼儿树立了解决冲突的榜样，当其他幼儿在面临类似情境时，能按老师认可的榜样行为来解决冲突，从而可以有效地减少幼儿的攻击行为。

此外，一个和谐、稳定的家庭对孩子心理的健康成长至关重要，这种家庭的创设关键在于父母，首先，父母之间要互敬互爱，不要为一点小事而发生激烈的冲突，尤其是面对孩子时，即使有矛盾，也不要互相攻击、指责。其次，父母要采取合理的教养方式，对孩子既不能实行高压控制，也不能过度纵容溺爱。当孩子受到别的孩子欺负时，切不要向孩子灌输"以牙还牙"的报复思想。

二、多动行为

1. 多动行为的表现

多动行为是幼儿常见的一种问题行为。这类幼儿智力正常或基本正常，但学习、行为及情绪方面有缺陷，主要表现为注意力不集中，注意短暂，活动过多，体内似乎有"永动马达"一般，精力旺盛到难以安静片刻，情绪易冲动，甚至影响正常的教育教学活动。这些幼儿一般与同伴存在交往障碍，日常生活中常常使家长和教师感到没有办法。

多动行为不同于多动症，多动症又称注意力缺陷多动症（ADHD），即脑功能轻微失调综合症，如何区别幼儿是多动症还是只是好动呢？

（1）注意力与兴趣的关系：多动症患儿无一兴趣爱好，无论何时何地，都不能较长时间地集中注意力，具有注意力缺损症状。而好动的幼儿做他所喜欢的事时能专心致志地去做，并讨厌别人的干涉和影响，他上课及做功课时表现不安宁，主要是因为对学习缺乏兴趣。

（2）行动的目的性、计划性及系统性：好动的幼儿的行动常具有一定目的，并有计划及安排。多动症患儿的行动常呈冲动式、杂乱，有始无终。

（3）自制能力：好动的幼儿在严肃的、陌生的环境中，有自我控制能力，不再胡乱吵闹。多动症患儿却无此能力，常被指责为"没眼色、不识相"。

一般认为，6岁以后的儿童才能够被诊断为多动症。6岁之前出现的幼儿多动行为应加以重视，避免因不当处置强化幼儿的多动行为，

2. 多动行为的成因

（1）遗传因素。多项研究表明多动症是具有复杂遗传特征的家族性疾病，平均遗传度为0.76，这一数据提示遗传因素在多动症病因学方面起主要作用。

（2）器质性因素。母孕期、围生期及出生后各种原因所致的轻微脑损伤可能是部分患儿发生该障碍的原因，但没有一种脑损伤存在于所有该障碍患儿，也不是所有有此损伤的儿童都患此病，而且许多患儿并没有脑损伤的证据。

（3）心理社会因素。早期智力开发过度，学习负担过重，不良的社会环境，家庭环境如经济过于拮据、父母感情破裂、教育方式不当等均可增加儿童患多动症的危险性。

（4）其他因素。该障碍可能与锌、铁缺乏，血铅增高有关。食物添加剂可能增加幼儿患多动症的危险性。

三、挑食行为

挑食行为指的是在饮食过程中对食物有较为明显的挑剔。由于口味偏好或者身体原因只倾向于吃某几种食物，很多幼儿表现为不爱吃蔬菜。

幼儿如果长期挑食，可能会引起身体肥胖或者营养不良导致抵抗力下降，而且会影响幼儿的心理健康发展。各类食物在幼儿的性格发展中也扮演着重要角色，营养不平衡很可能促使幼儿形成极端性格。研究表明，酸性食物的过度摄取会影响幼儿的性格和心理发育，导致其患孤独症；幼儿时期营养不良的幼儿与营养良好的幼儿比较，更容易出现攻击性行为。

如果幼儿是因为身体不适，消化力弱，食欲不振而挑食，则属于正常现象。家长和教师无

须过虑，只要注意在幼儿病好后及时恢复正常的饮食习惯即可。长期的、习惯范围内的挑食现象则与父母的教养方式高度相关。

从对待幼儿饮食习惯的态度来讲，首先，对幼儿过于迁就与放任，助长了幼儿挑食的坏习惯；或以爱的名义，经常强迫幼儿进食某些食物，进餐气氛不好，反而引起孩子对这些食物的反感。其次，幼儿平时调皮或不开心时，父母较多用零食来转移注意力。由于零食里添加的有味添加剂很多，口感远比饭菜香。长期如此，幼儿往往不喜欢吃清淡的饭菜。此外，食物的种类、制作方法单一，不能很好引起幼儿进食的兴趣，也是原因之一。

在婴儿期添加辅食阶段，若父母没有有意为孩子提供广谱的味觉刺激，也会导致孩子的味觉对许多食物不适应、不接受。

从父母本身习惯来讲，父母有意无意地在孩子面前表现出对某种食物的偏好，也会使孩子受了偏食意识的影响而自然地加以模仿。

如何引导幼儿养成良好的饮食习惯呢？

1. 避免进食前的剧烈运动

幼儿刚刚做完剧烈运动后是没有食欲的，如果此时就餐，幼儿必然会挑挑拣拣，长此以往，易养成挑食的坏习惯。

2. 鼓励幼儿做餐前服务

幼儿天生就对餐前的准备工作感兴趣，教师可以利用他们好奇、好动的天性，让他们帮忙摆桌椅、端菜碟、分碗筷，甚至在做菜时让他们帮忙洗菜、拿作料。面对自己参与劳动所得的成果，孩子自然会很感兴趣。

3. 给幼儿积极的暗示

吃饭时，家长要表现出对食物极大的兴趣，可以边吃边赞"真好吃！""我们都喜欢吃。"幼儿得到积极的暗示后会主动地模仿。

4. 为幼儿树立效仿的榜样

幼儿最喜欢得到别人的称赞，可以在挑食的幼儿面前，大大称赞不挑食的幼儿，从而使幼儿因羡慕而积极地效仿。当然，在树立榜样时避免幼儿间的妒忌是很重要的。例如，小华不吃鱼，但大伟最爱吃鱼，成人可在大伟吃鱼的时候说："大伟真是好孩子，大伟爱吃鱼，又健康又聪明，我知道小华也会像大伟一样，喜欢吃鱼的。"这样说即使小华有了效仿的榜样，又避免了对他的打击。

5. 营造进餐时的和谐氛围

不管是什么原因，家长切忌在幼儿进餐时恐吓、责骂或以其他方式惩罚孩子，因为恐惧、担忧、愤怒等负面情绪会直接影响孩子的食欲。家长应善于营造就餐时的快乐气氛，使孩子心情愉快，乐于进食。

与此同时，教师做好家园沟通，给予家长必要的引导。家长要给孩子独立进食的机会，不可因担心孩子吃得不够，或弄脏衣服、地板而忽视了孩子这一心理需求，进而使孩子失去对食物的兴趣。家长对孩子不爱吃的食物可以改善制作方法，巧妙引导，逐步添加。同时，对挑食的孩子还可以考虑适当补锌、补充肠道益生菌，这些措施对改善幼儿挑食有一定的辅助作用。

需要强调的是，家长一定要控制幼儿的零食量。大多数零食都是含糖量比较高的食物，大量摄入后造成血糖浓度高，孩子一直处于饱食状态，没有饥饿感，影响进食。要减少幼儿零食的摄入，在餐前 2 小时内不要给孩子零食。零食普遍含味素与添加剂较多，长期摄入零食也会导致幼儿味敏度下降。

【微知识】

　　缺锌易导致幼儿厌食：医学上发现，幼儿体内缺乏锌元素不仅会影响正常的肌体生长发育进程，而且还会出现多种症候，如食欲不振、味觉减退、疲乏、消瘦，甚至厌食等等，患儿还可能发生脚浮肿、烦躁不安、皮肤溃疡等。少数患儿还可能出现异食癖，正常的味觉和食欲发生了病态的改变，常爱吃一些根本不能吃的东西，如石灰、泥土、砖块、香烟头、粉笔等。

四、说谎行为

幼儿说谎行为是个体发展到一定阶段就会出现的问题，可以概括为两类：无意说谎和有意说谎。无意说谎是指幼儿没有意识到自己在说谎，更没有有意骗人的动机。这种情况下，幼儿不会伴有内疚、紧张的情感体验；而有意说谎是指幼儿意识到自己在说谎，存在骗人的主观动机。与无意说谎相比，幼儿在有意说谎时会表现出紧张、恐惧等情绪体验。相对来说，这种分法虽然只将谎言分为两种，但是两种之间的界限比较明确，分辨起来也更加容易。

1. 幼儿说谎的原因

（1）客观原因。

① 认知发展的结果。根据皮亚杰的儿童认知发展理论，2 ～ 7 岁儿童的认知发展处于前运算时期。此阶段儿童各种感觉运动行为模式开始内化而成为表象或形象思维，特别是由于语言的出现和发展，促使儿童日益频繁地用表象符号来代替或重现外界事物，出现了表象思维。此

阶段的主要特点之一是儿童开始依赖表象进行思维。由于认知能力的限制，很多时候儿童表象思维的表述被认为是说谎。

案例：是大象带我飞回来的

星期天爸爸带悦悦到动物园。动物园可真好玩，狮子、河马、大象、犀牛……，看得悦悦眼花缭乱。咦？为什么动物和人长得不一样？为什么白天鹅长着丰满的羽毛和大大的翅膀？如果大象长了翅膀，它这么大块头就能带着我飞回家了。回到家后，悦悦自豪地告诉妈妈："是大象带我飞回来的。"

分析：2～3岁左右的幼儿见闻逐渐增多，感情丰富、语言能力逐渐发展，想象力也异常丰富。长着翅膀的大象、和房子一样大的冰箱，诸如此类天马行空的想象在这个年龄段的幼儿中极为常见。他们常常根据自己的愿望去幻想，以想象代替现实。但由于生活经验少，缺乏知识，再加上记忆的不准确，想象往往容易受情绪支配，对一些事物分辨不清，出现想象与现实的混淆，此时说谎只是把心中的愿望表达出来，这种行为与孩子的品行无关。

建议：遇到这种情况，教师或家长尽量采用鼓励性的语言，比如："大象带你飞回来的，你太神气了！"来满足幼儿的愿望。接下来，帮助幼儿分清什么是幻想，什么是现实，并教会幼儿如何表达想象和愿望。

② 语言表达能力不足。语言是一种社会性现象，其结构复杂。语言的表征及加工过程涉及大脑很多部位。很多时候，幼儿虽然能掌握基本语言，但是并不能准确运用它们。幼儿在表达或讲述某件事情时，需要先回忆词汇，然后将词汇组织成语言，并将其表达出来。在此过程中，可能会伴有一定的肢体语言。当幼儿表述不清或口头语言与肢体语言出现差异时，往往被认为是说谎。

③ 记忆不准确。记忆是人脑对外界输入的信息进行编码、存储以及提取的复杂心理过程。由于幼儿自身发展的限制，幼儿在对外界信息进行编码、存储和提取的时候，存在许多问题，导致幼儿记忆的准确率低。例如，对很多事情不能全部记忆，只能记住其中一部分；记忆的保持时间短，遗忘速度快。因此，当他们在回忆过去的事情时，就会出现一定程度的遗忘甚至改变，这时候就可能被教师或家长认为是在说谎。

（2）主观原因。

① 逃避责罚。很多教师和家长对幼儿要求严格，在他们犯错时往往采取很多惩罚措施。久而久之，导致幼儿产生恐惧心理。在犯错时不敢承认，为了避免被家长或教师惩罚而说谎。在本章的"引导案例"中，凯凯说谎的原因就是如此。

案例：小维碰倒牛奶

在小维3岁半的时候，他偶然在饭桌上碰倒了一杯牛奶，当时爸爸、妈妈和姐姐小茜都坐在桌旁。小维低下头想了几秒钟，然后突然坐直了身子大声喊道"不是我碰倒的！

是姐姐！"在他看来，只要他否认自己做错了事，这件事情对他来说就从来没有发生过。父母已经看到了所发生的事，毫无疑问，他们就已经知道了他是做错事的人，但是对此，小维是不能理解的。

分析：孩子由于年龄小，心理年龄更小，承受能力弱，所以当有不好的事情发生时，孩子因为没有经受过这方面的教育，就会本能地去躲避，以此来保护自己。

建议：不要问孩子你已知道答案的问题。要知道，大多数孩子（还有成年人）都很讨厌被人审问，尤其不愿别人以居高临下的方式来审问或质问自己。同时，和孩子沟通，教育孩子承认错误的方法，以及承认错误会受到表扬。

② 满足虚荣。鼓励和表扬一直是教师和家长在教育幼儿过程中经常使用的一种方法。这种正强化使得幼儿的行为得以继续下去，从某种程度上来讲有利于幼儿的身心发展。渴望受到教师或家长的表扬是幼儿的一种正常心理。但是，对于那些想得到表扬却得不到的幼儿来说，只有通过说谎的方式来获得表扬。

案例：把饭倒掉的汐汐

一次午餐时间，小朋友们都在津津有味地吃饭。大部分孩子都快吃完了。我说："大家今天吃得都很快，吃完的小朋友，今天老师有奖励。吃得慢的小朋友，请快一点吃，要不一会饭凉了吃完了肚子疼。"一些小朋友都在吃完后得到了我奖励的小贴纸。一向吃饭慢的小朋友汐汐，趁老师和小朋友不注意的时候，把饭偷偷倒掉了，正好被我看到。他还跑过来跟我说"老师，我吃完了，"我听了之后问了一声："汐汐，今天你的饭真的吃完了吗？"她看着我点了点头，我说："说谎的小朋友老师不喜欢了，到底有没有吃完饭呢？"他又点了点头说："吃掉了。"

分析：孩子看到别人受到奖励，心里就会也想要，于是把饭倒掉，想让老师表扬他、给他奖励，这是每个孩子都会有的心理活动，也跟家长很少表扬孩子有关。每个孩子都希望博得别人的赞赏。

建议：要培养一个好的行为习惯，奖励比惩罚更重要。当孩子如实告诉家长自己犯的错误，家长往往忽视了孩子诚实的表现，只是一味斥责孩子的错误行为，孩子的诚实行为没有得到及时的鼓励强化。家长发现孩子闯了祸之后，不要气急败坏地责问："这是不是你干的？"因为孩子很可能怕家长生气而说"不是"。这样的问话方式实际上是诱导孩子说谎。家长可以注视着孩子的眼睛，等孩子自己说出真相，或者说："发生了什么事？"如果孩子承认了错误或请求原谅，应立即告诉孩子：能承认错误很不简单。然后再对孩子做的错事进行批评。由于孩子的诚实行为，相应地要减轻对他的批评或处罚。

③ 反抗心理。幼儿说谎的原因还可能是存在反抗心理。这种反抗心理类似于青春期的叛逆心理。面对教师或家长喋喋不休的说教，一些性格顽劣的幼儿会产生消极反抗的心理。即表

面是遵从教导，在教师或家长面前表现得像个乖孩子，但是一旦教师或家长不在，就开始"为非作歹"，有时候面对询问，往往通过说谎来掩饰。极端情况下，反抗心理还可能伴随着一些报复性行为。

主观上说谎是在幼儿意识到自己在说谎情况下的心理，即有意说谎的心理原因。家长和教师应该特别重视这种有意说谎。

（3）成人负面影响。

在导致幼儿说谎的原因里，有一类原因，既属于主观也属于客观因素，即成人的影响。例如家长或教师的负面影响。幼儿的模仿能力很强，因此教师或家长应该给幼儿树立好的榜样。如果成人为了取得某种利益而说谎，一旦孩子发现后就会不自觉地模仿起来，从而逐渐形成幼儿自身的习惯。另一方面，教师或家长的承诺由于各种原因无法及时兑现，比如有些家长答应给孩子买玩具，但由于其他原因未能实现，幼儿在发现父母也会说谎、也会不遵守承诺后，渐渐地会受到影响。

2. 幼儿说谎的对策分析

（1）正确认识幼儿的无意谎言。

很多时候，由于幼儿自身发展而导致的谎言，如想象性谎言，都是由客观原因造成的，是一种无意说谎。在面对这种谎言时，家长或教师要以正确的态度和方式对待。在弄清事实之前，应该充分谅解幼儿，而不是很快就将幼儿的行为定义为"说谎"，对其严厉斥责甚至体罚。对幼儿的理解至关重要。如果在没有了解清楚事实的情况下就对幼儿进行责罚，很容易引起幼儿的反抗心理，使得以后对幼儿进行教育更难。另外，教师和家长应该经常与幼儿沟通，发现孩子存在的问题，在遵从幼儿身心发展规律的前提下，正确认识幼儿的无意谎言。

（2）理智对待幼儿的有意谎言。

跟那些由于客观原因而造成的无意谎言相比，幼儿的有意谎言更值得教师和家长关注。关注并不意味着对幼儿进行严厉的责罚。很多教师和家长在发现幼儿撒谎后，第一反应便是对其训斥责骂，而不是分析孩子为什么说谎。

对待幼儿的有意谎言，首先，教师和家长应该在日常生活中重视幼儿的价值观教育，用正确的价值观引导幼儿，鼓励幼儿做一个诚实的好孩子。其次，对待已经出现的有意谎言应该理智，以教育为主。教师或家长在认真分析幼儿说谎的原因之后，针对不同的原因，"对症下药"，采取不同的处理方式。体罚不仅不会带来明显的效果，有时候甚至会引起幼儿的反抗心理。因此，教育幼儿的目的不仅仅是让他以后不再说谎，还要让其明白为什么不能说谎。

（3）发挥成人的榜样作用。

由于幼儿具有很强的模仿能力，他们能从社会、家庭、学校等其他成人身上学到很多，尤其是教师和家长。"近朱者赤，近墨者黑"，教师和家长应该为幼儿树立榜样和学习的模范作用。这就要求教师和家长要以身作则，在要求孩子不说谎的同时，自己也应该在日常生活中做到言行一致，诚实守信，对他人的承诺要及时履行，不能履行时也应该及时道歉，为幼儿树立良好的榜样。另一方面，教师或家长不应轻易为了讨好幼儿而许诺一些事，许诺了就要努力实现；对于不能实现的承诺同样要向幼儿承认错误。

总之，幼儿说谎行为不是由于某个单一原因而造成的，教师和家长在处理幼儿的说谎行为时，应该冷静分析，细心教育，不能一味对孩子进行责罚。只有弄清楚幼儿说谎的原因，才能"对症下药"，更好地解决问题。

【微知识】

如果幼儿的行为偏异程度较重，就有必要考虑存在异常行为的可能性。异常行为可以从语言、社会交往、行为三方面来观察。

一、语言方面

首先是重复语言，不断模仿、重复别人的话，没有实质性的语言交流。如教师说"某某，你来找我"，幼儿也会说"某某，你来找我"。妈妈对幼儿说"叫阿姨好"，幼儿也说"叫阿姨好"。其次是自我中心语言。幼儿的语言完全和当时的情境不相匹配，或是语言处于自我封闭的状态，没有逻辑，旁人无法理解，更无法沟通。

二、社会交往方面

社会交往方面主要表现为拒绝与他人目光对视、眼神交流。当别人注意看他时，他可能会低头避开或直接跑开，而且面无表情。也有的幼儿在别人伸手抱他时，无积极回应，被抱起时全身僵硬或全身松软，有的幼儿甚至直接拒绝被抱。此外，有的幼儿在与亲人或抚养者分离时十分漠然，不会对父母亲或其他抚养者产生依恋，非常容易分离。

三、行为方面

行为方面主要表现为：（1）兴趣范围狭窄，行为方式僵化。要求环境长期固定不变，每天坚持用同样的方式做同一件事，不允许有任何改变；（2）活动过多。常常不分时间、地点、场合，集体活动时完全不能静坐，不时地做些动作甚至大喊大叫，不论在户外还是在室内都喜欢来回奔跑、喧闹。如，集体活动时会突然站起来，或在活动室里奔跑等；（3）冲动任性。有些幼儿自制力非常差，易激动，做事完全不计后果，喜欢从事一些冒险性的活动，不怕危险，常常会有伤人和自伤的情况出现。

【实践项目】

观察日记一 泡泡小朋友

观察对象：泡泡。**性别**：男。**年龄**：4岁。**班级**：小班。

泡泡是个活泼好动的孩子，他善于观察事物，有一定的解决问题的能力，但是比较敏感，脾气"一点就着"。

泡泡从小由爷爷奶奶带大，父母常年不在身边，爷爷奶奶对他比较溺爱，养成了他喜欢指挥别人、一不顺心就乱发脾气、任性妄为的性格。每次早上入园还会跟家长闹情绪，会说出很多不上幼儿园的理由，只要家长一走，他很快就能和小朋友玩在一起了。

片段一：一次午餐后，孩子们都在看书。尼尔正看得津津有味，泡泡跑过来抢尼尔的书，两个人谁都不愿意放手，泡泡就在尼尔的手上咬了一口，他还得意地拿着书在尼尔面前晃来晃去。

分析：活泼好动的泡泡为了引起别人对他的注意，就会想要通过各种方式吸引到别人的注意力。但是他却没有考虑到他的这种方式是否妥当，导致他无意中攻击了别人。这就说明他的心理发展没有达到一定水平，还没有正确掌握与人交往的方式，需要成人从旁引导。

片段二：一次晨间活动时，泡泡选择搭积木，搭完后便兴高采烈地告诉身边的尼尔，自己搭了一个宇宙超级无敌大怪兽，希望能得到尼尔的称赞，不料，尼尔却说了句"这是什么呀？真难看！"当时泡泡气得脸都红了，甚至紧握双拳想动手。

分析：模仿是引发攻击性行为的一个重要心理因素，泡泡平时特别爱看暴力、打斗的电视节目，时间一久就会模仿节目中的打斗动作，并用来对付身边的同伴。挫折又是导致其攻击性行为发生的另一个重要原因。当幼儿遇到某种挫折后，最常见的反应就是攻击。当然，有时也会因人而异，有的幼儿选择攻击，有的幼儿则选择退缩。

片段三：在一次表演游戏中，幼儿自由选择角色和材料。泡泡发现有两个小朋友为了争当维尼小熊谁也不让谁，于是他说："你们来猜拳，赢的就当维尼小熊。"刘锐输了，但他不认输，要求再猜一次。泡泡就上前抢下刘锐的头饰，还把他推在了地上，然后把小熊头饰给了赢了猜拳的小朋友。

分析：泡泡比较好动，自控能力较差，又从小受到爷爷奶奶的溺爱，想说什么就说什么，想干什么就干什么，从不顾虑别人的感受。再加上本身幼儿的认知水平就低，考虑问题往往以自我为中心，他们并没有真正理解大人所说的"这是不对的"这个道理。

片段四：有一天，泡泡在午饭后，把椅子搬到外面走廊上，便去拿书看。这时，昊昊拿着自己带来的玩具，搬着椅子向休息地走去。泡泡看着昊昊的玩具，放下书，抢过昊昊的玩具玩了起来，昊昊见状，又一把抢了回来。这时，泡泡随手举起了拳头，在昊昊的背上重重地砸了一拳，昊昊哭了。

分析： 泡泡的攻击性行为是导致他和小朋友不和谐的直接原因，其他幼儿因为害怕他而疏远他，得不到交往需要的泡泡便只好用新的攻击行为来引起同伴对他的关注，这样反而更糟。为此，我们老师尽量保证在同伴面前不损害他的自尊心为前提，挖掘他的闪光点，有意识地树立他在集体中的威信，让同伴真正亲近他、接纳他。

观察日记二　永动小马达（大班）

大一班，有两个小朋友令我头疼不已。

天天：上课的时候坐不住，在座位上来回移动，一会儿跑到睡眠室一会儿跑到厕所，一会又爬到桌子底下，老师怕他来回跑动影响到其他孩子上课，就让其坐到配班老师旁边，天天坐不到一分钟就跑了，学习上基本没有他感兴趣的科目，上课注意力不集中，注意时间短，东张西望，很容易被一些声响、周边的动静吸引。

大可：情况比天天更差，除上面相同的表现外，他还有暴力倾向，动不动就打其他小朋友，老师要是说他，他会向老师吐口水，骂脏话，打老师，学习时经常把书都撕扯成纸条，还会破坏班级里的公共物品，比如把教室里的窗帘扯坏，把墙皮抠下来。

起初，教师就是给他们讲道理，或是限制他们多动，把他们单独叫出来坐在一边看着他们，可实行了一段时间后发现他们依然我行我素。家长也说孩子在外面也经常惹事打人，很是苦恼。

针对此情况，教师们经过认真商讨，首先提出希望家长能带孩子前往有专业医疗机构做一个检测，几日后，家长反馈说检查结果表明孩子患有多动症，要配合一定的药物进行治疗，同时着手对天天和大可开展针对性的教育，收到了一定效果，其具体措施整理如下。

1. 家长方面

教师首先应该放平心态，静下心来，对多动症幼儿的要求不能与其他幼儿一样，要放低标准，但必须有一定的底线。不要急于求成，这是个循序渐进的过程。家长最好能把孩子带在自己身边，和老人接触的时间最好少一点，老人对孩子过多的溺爱会令孩子更加飞扬跋扈。父母给孩子营造一个温馨的家庭氛围，在孩子面前尽量避免吵架、冷战等家庭矛盾。减少多动症幼儿看电视的时间，可以带孩子到室外进行体育锻炼，休息日带到孩子去郊游，爬山登高。也可以带孩子去新华书店、图书馆亲子共读。不要吝啬自己的溢美之词，要及时多多表扬孩子的进步。家长定期与医师进行沟通，把孩子的近期表现传达给医生，并制定合理的治疗方案，并能与老师积极联系，了解孩子在幼儿园的表现。

2. 教师方面

教师在幼儿园对待多动行为的幼儿要更加耐心，家园配合要有的放矢，切记简单、粗暴、冷漠、歧视。但也不可以过分迁就，以免使幼儿变得更加任性好动。教师可根据幼儿的特点制定分期分段的教育目标。

（1）给幼儿制订合理的作息时间。如：从幼儿早晨进园开始请他帮助教师做值日，到早餐—早操—上课—午睡—喝水—如厕—洗手等等程序都做到按时特别提醒他，让他从小养成生活规律化的习惯，午睡时教师可以特别在他身边拍着他讲讲故事，保证充分的睡眠时间和睡眠质量。

（2）给幼儿创造一个良好的学习环境。由于多动症患儿注意力不够集中，可在其旁边安排一些自律性强的幼儿，或通过"摸摸头"等方法来提高他的注意力。可以采用游戏的方法培养他静坐，集中注意力的习惯。如"我们都是木头人，不许说话不许动，看谁得意志最坚定"。每天进行此游戏，每天要求静坐时间递增，可及时奖励小五星贴纸等，并当着全体小朋友面表扬他，予以强化。

（3）切不可采取限制活动的方法进行矫正。因为多动症患儿本身特别好动，精力用不完，所以限动反而多动，要多让他活动以动制动，给他多安排一些体能的训练，如跑步、踢球、跳绳等各种强体力的活动，使他旺盛的精力有地方发泄。动够了必然就有安静的过程。

（4）有意培养幼儿的注意力。与其他谈话时用手抚摸着他的头或肩膀，或拉着她的手，注视着他与他交谈。幼儿在写字时可要求他轻声地念出字，这样可以保证他的视觉、听觉、运动觉都处于繁忙之中而无暇顾及其他，以便消耗更多的能量，达到自我关注，抑制多动的目的。

（5）为他们设计一些有助于中枢神经发展的游戏，如穿珠子、捡豆豆、分豆豆（两种豆子混在一起让他挑出来）、手指游戏（抢打四，手指碰碰等）、手心猜字等游戏，这都对多动症患儿的健康发展有所帮助。

【本章小结】

◆ 学前儿童问题行为是指在严重程度和持续时间上都超过了相应年龄所允许的正常范围的异常行为。

◆ 具有问题行为的学前儿童与正常的学前儿童相比，通常具有交往不良、抽象思维能力较弱、情感不稳定、抑郁不安、自律性差和紧张焦虑等特征。

【本章练习】

一、思考题

1. 试述学前儿童问题行为的成因。

2. 举例说明学前儿童常见问题行为的矫治。

二、实操题

去当地一所幼儿园了解教师对学前儿童问题行为的矫治方法。

第九章

学前儿童健康
教育评价

【本章学习目标】

◆ 掌握学前儿童健康教育评价的原则与内容；

◆ 掌握常用的学前儿童健康教育的评价指标；

◆ 能够对学前儿童健康管理制度进行评价；

◆ 能够对学前儿童健康教育活动进行评价。

学前儿童健康教育评价是依据一定的标准和程序，选择有代表性的评价参数，有计划、有目的地做出科学调查和价值判断。它是考核学前儿童健康教育的重要方面，是科学制订学前儿童健康教育计划的基础和依据。通过评价能够把握学前儿童健康教育的客观现状，准确发现存在的问题，及早采取干预措施，改善学前儿童的健康水平，促进学前儿童健康发展。

【引导案例】

关于健康教育评价的争论

学前儿童健康教育课程评价是保证学前儿童健康教育质量的关键。通过评价可以检查幼儿园健康教育课程实施的效果。谁是健康教育课程评价的主体？如何进行评价？

在调查中，一些幼儿园教师如是说："教师对健康教育做评价最合适不过了。教师每天备课、讲课，对课程最熟悉了，也最清楚该如何进行评价。"

也有的教师说："我觉得在对学前儿童健康教育的评价中，家长的评价也挺重要的。幼儿在健康教育课的前后是否发生变化，又有哪些变化最明显，家长作为孩子最亲密的人，最有发言权了。比方说，幼儿在健康行为习惯方面发生的改变：以前回家吃饭前不洗手，现在回家饭前、饭后都洗手。像这样的这些变化只有家长知道，我们却不清楚。"

案例来源：太原市韬园幼儿园

第一节　学前儿童健康教育评价的理论模式

常见的学前儿童健康教育评价的理论模式有外貌模式和 CIPP 模式两种。

一、外貌模式

外貌模式是由心理测量学家斯塔克于 1967 年提出的。该模式强调考察评价的全貌，主张适宜的评价必须进行详尽的描述，并进行适宜的判断，只有把描述和判断结合起来，才能完成对课程全面、完整的评价。外貌模式需要评价者搜集前提因素、过程因素和结果因素三方面的材料。前提因素是指教育实施之前任何可能与教育结果有关的因素或条件，如幼儿年龄、健康知识经验、学前教育机构的资源条件、师资条件等；过程因素是指教育过程中有关对象的活动、交往、相互作用，如各类教育活动、游戏，以及有关的人际关系（师生关系、同伴关系、亲子关系等）、人与物之间的关系（幼儿与材料的相互作用等），这类因素是动态的；结果因素是指健康教育所产生的影响，表现为对幼儿的学习效果、态度、动机水平、能力，以及课程实施对于幼儿的学习环境、材料等方面的影响作用。课程被看作由上述因素构成的系列，前一系列的结果因素是后一系列的前提因素。评价应该根据课程实施的状况而决定其前提、过程和结果因素，并对它们进行描述和判断。外貌模式的评价框架如表9-1所示。

表9-1　外貌模式的评价框架

描述	意图	↕	↕	↕
	观察	↕	↕	↕
判断	标准	↕	↕	↕
	判断	↕	↕	↕

1. 意图

意图代表课程设计者、执行者和参与者等的目标或目的。在这一栏中，各类人员的意图应该一一分别列出。

2. 观察

观察包括为达到评价目的而采用的测查。评价者应该对前提、过程和结果因素进行观测。通常，评价者应自行设计观察与测量工具。

3. 标准

标准通常是指可供参考的行为标准，它可以分为绝对标准和相对标准两种。绝对标准是由专家或相关人员制定的，被视为理想的行为水平、环境状况；相对标准是在被评机构的特征、结果与其他机构的比较中得出的。

4. 判断

判断是指决定某些标准是否达到的过程。评价者可以自行建立标准或在几种不同的标准中决定如何权衡并加以选择，最终将用各种方法搜集来的信息汇总，做出全面综合性的判断。

在获得信息后，评价者对描述部分的评价资料主要有两种处理方式：一是指出前提、过程和结果三者之间可能存在的关系，二是考查意图和观察之间的一致性。在对描述资料的处理中，必须将意图和观察相对应的各资料加以比较，以考查评价过程中的观察是否符合预期的意图。判断过程首先是将在描述性评价资料中获得的结果与某种绝对标准或与某些其他课程相比较得出的相对标准加以对照；然后由评价者对比较的结果加以判断，或在有关人员加以判断后由评价者集中处理判断结果；最后由评价者写出书面评价报告。

【案例】

"清洁的牙齿"主题活动评价

体格检查结束后，某幼儿园教师发现中班幼儿龋齿率偏高。在与家长的沟通中，教师了解到孩子普遍不太喜欢刷牙。该教师为了培养孩子养成良好的卫生习惯，设计了题为"清洁的牙齿"的主题活动。该活动计划在 4 周内完成，结合主题活动，教师随时抓住日常生活时机来对幼儿实施口腔清洁的教育。为了完善和改进教育活动，评价者运用外貌评价模式进行了评价，评价标准如表 9-2 所示。然后收集各种所需的资料，并在此基础上形成了评价结论及改进措施。

表9-2 "清洁的牙齿"主题活动评价标准

活动设计	评价内容	活动设计	活动观察	评价标准	评价结论
活动前提	幼儿分析			充分了解幼儿的刷牙习惯、个性特征、兴趣、态度等因素	
	环境创设			能够利用幼儿园、社区、家族等资源创设支持幼儿养成定时刷牙的环境	
活动过程	教师的引导与指导			善于观察、鼓励和指导幼儿，及时调节幼儿的刷牙姿势，激发幼儿刷牙的乐趣	
	幼儿的态度与行为			积极参与刷牙行为，能够培养坚持性的品质	
	活动效果			大部分幼儿基本达到预期目标，幼儿之间可以存在个体差异性	
建议					

这类评价有助于改进学前儿童健康教育实践活动并增强其效果，有助于澄清有关观点是否正确、是否具有教育价值。该模式多用于学前儿童健康教育课程设计研究，也适用于实施中的学前儿童健康教育课程。如果学前儿童健康教育课程设计者能够对综合性评价中各个要素及其关系均予以审慎的考虑，则可以建立一个完善的课程。

二、CIPP 评价模式

CIPP 评价模式是由斯塔费尔比姆提出的。CIPP 是由背景评价（Context Evaluation）、输入评价（Input Evaluation）、过程评价（Process Evaluation）和结果评价（Product Evaluation）的英文名称第一个字母组成的缩写形式。该评价模式将评价定义为判断决策所做出的描述、获取、提供有用信息的过程。斯塔费尔比姆认为，课程评价应该为课程决策提供有用的信息，而不应该将评价局限于评定目标达成的程度。一般来说，人们将 CIPP 评价模式视为一种循环系统，是一种不断搜集和利用新信息的持续过程。CIPP 评价模式的流程如下图所示。

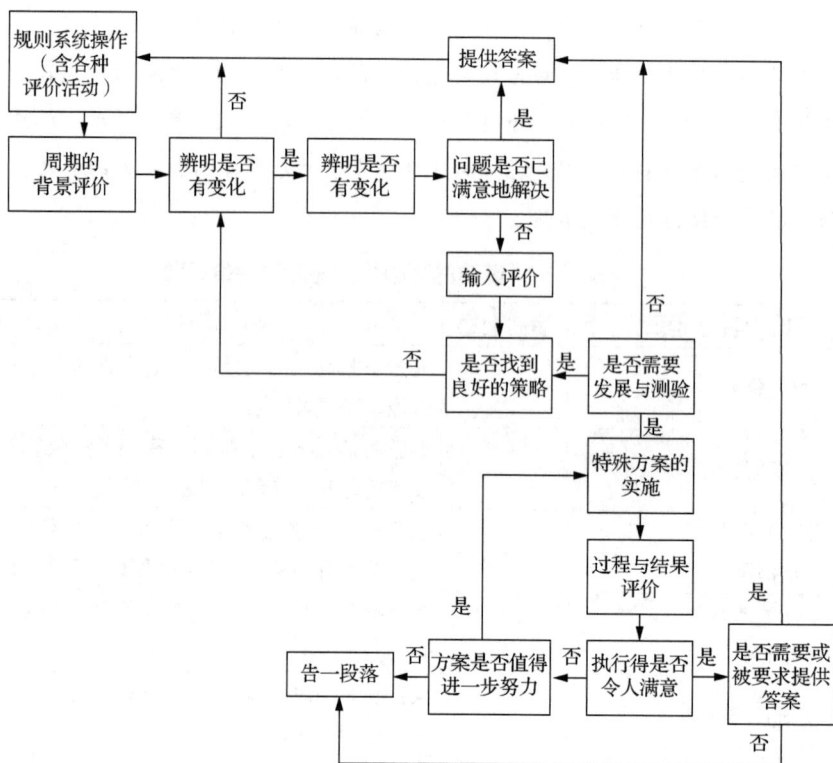

CIPP 评价模式中各类评价的作用如下。

1. 背景评价

背景评价强调应该根据评价对象的需要对课程目标进行评价。评价其课程目标是否与评价对象的需要相一致，要求描述目前教育环境已经具备的条件、尚需改进的条件、尚未满足的需要、尚未利用的资源、可能存在的机会，诊断、选择目标，辨明潜在问题、迫切需要先解决的问题。其目的是确定课程实施机构的背景，明确评价对象及其需要，明确满足需要的机会。

2. 输入评价

输入评价是课程计划的可行性评价，是为决策服务的，旨在通过对各种可供选择的课程计划进行评价，帮助课程决策者确定如何运用资源以达到目标。输入评价包括对课程的材料、方法、程序、设备、人员、环境等加以分析，以便针对目标选择适宜的课程资源、设计方案和发展途径。在输入评价中，常常需要考虑以下问题：已经确定的教育目标是否可行？哪些方法、策略有助于达到教育目标？各种方法、策略的预期效用与实际效用如何？其理论假设是什么？教师是否有效运用这些方法、策略？人员配备、时间安排、执行情况的管理与监督问题能否解决？这些方法、策略有无副作用？如何对之进行评价？

3. 过程评价

过程评价是为执行决策服务的，在计划或方案设计完毕并付诸实施时便开始进行。过程评价可以在方案正式实施前进行预测，以决定计划是否可行，并加以修正；也可以通过对课程实施过程中的实际描述及时提供有关实际运行状况的资料，记录所有的教育过程，以便在教学后加以分析，确定或预测课程本身或实施过程中存在的问题，为课程决策者提供如何修改或调整课程的有效信息。

4. 结果评价

结果评价是为循环决策服务的，目的是测量、揭示和评价教育系统所获取的成果。结果评价不仅仅是对课程的最后鉴定，还是对课程质量控制的一种手段。可以在整个教育方案结束时进行，将获得的成果与课程目标及其背景、输入方面和过程方面的信息联系起来，从而进行价值判断，也可以在方案执行时实施。结果评价应该考察课程实施达到目标的程度，着重于向决策者提供信息，较少强调评价者的判断，让决策者自己去分析并形成判断，最终采用维持原课程、微调、大幅度改革或者全面改革等不同的课程决策。

CIPP 评价模式在学前儿童健康教育课程设计与评价中具有重要的参考价值。它强调搜集关于需要、资源、课程方案的选择等方面的信息，向决策者提供有用的信息，尤其有利于制订新的课程计划。例如，某寄宿制学前教育机构，可以通过背景评价确定对新入园幼儿进行适应性教育的迫切需要，并且诊断出已有哪些教育资源（多样的玩具、个别化的作息制度、家庭式的活动环境）可用于满足这种需要，进而决定要强调哪些特定的教育目标。然后通过输入评价和教育专家的咨询，对几种可能达到目标的备选的新生入园适应教育课程方案（如分批入园制度、糖果会、大哥哥大姐姐来表演、木偶剧表演）进行研究、鉴定，选出被认为是最适宜的一种。此后，根据过程评价和结果评价所获取的信息就可以做出关于执行的决策，同时也可以由此重新评价所选定的课程计划。

目前，学前教育机构面临着自行选择教材、活动主题的挑战。在制定适宜的学前儿童健康教育课程的过程中，尤其在选择某个方案时，采用 CIPP 评价模式可以帮助教育工作者在做出新的决策时获得大量信息。当然，该评价模式没有提供评价者价值判断标准，只是提供信息以供决策者进行评价，对评价者的要求较高；同时，该评价模式的操作过程比较复杂，评价成本也比较高。

第二节　学前儿童健康教育评价的原则

学前儿童健康教育评价必须遵循一定的原则，具体包括以下几点。

一、单项评价和综合评价相结合

单项评价是指对评价对象的某个方面进行的评价判断，如对婴幼儿身体生长发育的评价、对学前教育机构健康管理制度的评价、对学前儿童健康教育活动的评价等。单项评价可以为评价对象某一方面健康教育工作的改进提供依据，为综合评价提供基础信息资料。

综合评价是指对评价对象完整的价值判断。由于学前儿童健康教育是一个多层次的系统工程，因此，通过综合评价能够获得更加完整、系统的信息。

在实际评价中，单项评价和综合评价往往是相互补充甚至是相互转化的。对某一个学前教育机构的健康教育工作的评价往往是在单项评价的基础上进行综合评价来完成的。

二、定性评价和定量评价相结合

定量评价是采用数学的方法收集和处理数据资料，对评价对象做出定量的评价结论。在学前儿童健康教育评价中，对于身体生长发育等的评价主要采用定量的评价方法。

定性评价则不采用数学的方法，是评价者在与评价对象的谈话和观察的基础上直接得出定性的评价结论。

在学前儿童健康教育评价中，对学前儿童心理发展、学前教育机构健康管理制度的动态性评价，一般都采用定性评价方法。由于定量评价和定性评价各有利弊和适用性，因此在进行学前儿童健康教育评价时，必须采用定性和定量相结合的方法，才能获得比较完整的信息。

三、筛查性评价和诊断性评价相结合

筛查性评价是以简单、快速的方法对集体或者个体幼儿进行评价的方法。该评价方法的结果往往不能作为诊断性结论。对于筛查性评价结果不理想的个体，可以进行进一步的诊断性评价，用以确定是否存在发展问题。当然，对于在筛查性评价中结果不甚理想的个体，也并不能肯定其存在问题。诊断性评价的结果可以作为个体或者群体发展的结论。

在对幼儿心理发展进行评价时，往往是在筛查性评价的基础上进一步实施诊断性评价。例如，在进行幼儿听力筛查评价的基础上实施专业的诊断性评价，能够及早准确地发现幼儿的听力问题，及时治疗。

四、形成性评价和终结性评价相结合

形成性评价是指在学前儿童健康教育过程中进行的评价，目的是获取反馈信息，及时调整和改进健康教育活动。例如，在安全制度评价过程中，形成性评价就是为了评价安全制度本身的完备性、合理性和执行性。

终结性评价是在某一项保育活动告一段落时，对最终结果进行的价值判断。例如，对于入园一年后的幼儿进行身心发展的终结性评价，这是检验学前教育机构健康教育工作质量的重要指标之一。

当然，形成性评价应该与终结性评价相互结合，因为任何健康教育工作都是连续的，形成和终结只是相对的。而评价的目的是在价值判断的基础上及时发现问题，改善健康教育工作，促进幼儿的身心发展。因此，任何评价既可以是形成性评价，也可以被理解为终结性评价。

五、绝对评价与个体间差异评价相结合

绝对评价是在被评价对象的集合外预先确定一个客观标准，将评价对象与该客观标准进行比较，判断其是否达到标准程度的评价。在学前儿童健康教育评价中，绝对评价的客观标准往往并不是一个点，而是一个范围，如学前儿童生长发育评价中用到的发育百分位评价法。

个体间差异评价是将被评价对象中每个个体的过去和现在相比较。例如，运用生长发育图对个体生长发育状况进行今昔比较，能够看到个体的变化发展趋势。

由于幼儿身心发展既有一定的共同规律，又有明显的个体差异性，因此，仅仅运用绝对评价的方法是不客观的，甚至可能得出一些错误的评价结论。在某种意义上说，个体间差异评价对于幼儿身心发展的评价更为重要。

六、自我评价和他人评价相结合

自我评价是评价者根据一定的标准对自己进行的评价。例如，教师对自己健康教育活动的设计、实施的评价和反思，管理者对于健康管理制度执行状况的评价。自我评价能够减轻被评价者的心理压力。如果能够端正评价的目的和意义，自我评价往往更加有利于学前儿童健康教育工作的改善。

他人评价是由被评价者之外的他人进行的评价，如卫生部门、教育部门的相关管理者对于学前教育机构健康教育状况进行的评价、园长对教师进行的评价，以及家长对于教师健康教育工作进行的评价等。通过严格的他人评价能够得到比较客观的信息。

由于自我评价和他人评价各有优缺点，因此，越来越多的人开始将自我评价和他人评价结合起来使用。

第三节　学前儿童健康教育评价的实施

学前儿童健康教育的评价过程包括确定评价目的，设计评价指标，确定资料收集的方案，实施评价，收集资料，分析整理资料，形成评价结论，以及及时反馈修订等环节。这些环节形成一个新的循环，有些环节相互重叠，划分界限不明显。

一、确定评价目的

每一项评价都有特定的目的，确定评价目的意味着评价者先形成自己的评价概念，明确所要进行工作的真实含义，以及期望获得的信息和所要解答的问题。评价过程的一切活动都必须紧紧围绕其目的，否则将导致精力和财力的浪费。因为评价目的的不同，评价的内容、组织形式、收集资料的方法都会有较大差别。在确定评价目的时，应当进行全面考量，在可行的范围内对有实际意义的主要方面进行评价。一般来说，在确定评价目的时要考虑评价者、评价对象、评价内容、评价意义等方面的因素。

二、设计评价指标

设计评价指标时，需要收集学前儿童健康教育过程中能够使学前儿童健康状况发生变化的有关资料，如学前儿童生长发育指标、学前儿童健康档案、学前儿童健康教育活动方案、学前教育机构的健康管理制度，并确定评价指标。制定可靠的评价指标是整个评价过程中技术性最强的环节。

作为衡量课程设计、实施及效果的标尺，评价指标应当客观、公正和规范化。但是，由于课程评价是极为复杂的事情，现有的各种评价指标一般都只能在一定程度上或在某一个方面反映健康教育的作用和效果，具有一定的局限性。

一般来说，评价指标可以分为直接指标和间接指标两大类。直接指标是指通过健康教育的实施而直接产生的作用或效果，包括对个体学前儿童或群体学前儿童的卫生知识水平、卫生观念和态度、卫生习惯和自我保护能力等方面的评价，对学前儿童健康管理制度方面的评价和学前儿童健康教育课程方面的评价等。间接指标是指通过健康教育，在提高群体学前儿童健康水平和观念的基础上，学前儿童通过一系列卫生习惯和自我保健措施而得到的健康效益的指标。这些指标反映的结果有健康教育的作用，但不一定是健康教育的效果，可能只是从某一方面反映健康教育的效果。

1. 常用的学前儿童健康教育的评价指标

（1）幼儿抵抗疾病能力指标，包括患病率（含龋齿率）、传染病率。

（2）幼儿生理健康发育指标，包括身高、体重、视力、血色素、走、跑、跳、投掷、钻、攀、爬和小肌肉动作等指标。

（3）幼儿心理健康发展指标，包括智力发展指标、情意发展指标和性格发展指标。

（4）幼儿健康态度指标，主要评价幼儿对现实和周围的卫生、安全、营养、运动有关的健康问题所反映出的态度特征。

（5）幼儿自主健康行为指标，主要评价幼儿是否形成了自主的健康行为。自主的健康行为即幼儿已经掌握，但需要在教师或成人的提醒才能完成的健康行为。

（6）幼儿健康习惯指标，主要评价幼儿是否已经养成相对稳固、无需他人提示，在一定时间、地点、情景条件下做出的适当反应的健康行为习惯。

2. 常用的学前教育健康管理制度的评价指标

学前教育机构的健康管理制度主要包括以下几个方面：建立合理的生活制度，建立定期的膳食调查和营养评价制度、健康检查制度、计划免疫和传染病管理制度、教具玩具等物品消毒制度、意外事故防止和发生后合理处理的安全制度、体弱儿的保育制度。幼儿园的各项健康管理制度是否健全、贯彻执行的情况是否良好，是衡量幼儿园健康教育工作质量好坏的重要依据。评价学前教育机构健康管理制度的指标主要有制度的健全性、制度执行的实效性和制度调整的动态性。

3. 常用的学前儿童健康教育活动的评价指标

常用的学前儿童健康教育活动评价指标包括学前儿童健康教育活动是否适应学前儿童的需要、兴趣、接受能力；学前儿童参与健康教育活动的程度等；学前儿童健康教育活动所选定的目标和各级分目标的合适程度，各级目标轻重缓急安排顺序的合理程度；学前儿童健康教育活动的策略和实施措施是否正确和合理，是否适合教育对象，以及其他各方面的客观情况。

三、确定资料收集的方法

调查法、比较法、观察法、统计分析法等是收集评价资料的基本方法。其中，调查法是收集资料的最基本方法，包括问卷法、测验法、访谈法及专题调查法等。在确定资料收集方法时，应该根据评价目的、需要和客观情况灵活准确地进行选择和确定，有时可以将多种方法结合使用。为了相互验证所获资料的一致性，也可以运用三角验证法进行验证。在设计方案时就确定好方法和步骤，能够保证评价的实际过程按照评价目的有计划地进行。

四、收集资料

实施评价前，应该进行相应的准备工作，如确定评价小组成员，建立评价表格；应该让被评价者理解评价工作的目的，让评价者按照评价方案实施评价。这样收集的资料才能比较客观、公正、有目的性。收集资料既要有熟练的技术，更要有认真的态度，要根据已经确定的资料收集方法进行操作。在资料收集过程中，对学前儿童健康态度的资料收集最为困难，需要运用观察法或者日常行为记录法进行补充。

五、分析整理资料

运用各种方法收集的资料和数据需要经过整理、加工、分析和统计处理，才能说明健康教育评价所要阐述的问题。评价者可以采用定量、定性的方法进行全面分析。例如，将幼儿定期测查的生理形态指标和相关个案进行整理、加工和分析。

六、形成评价结论

在全面分析资料的基础上总结经验教训，找出发展中存在的问题，并且检查本次评价的效度和信度，才能够形成对评价对象的评价结论。评价结论是以评价目的为出发点，将现象和经验进行归纳和综合，找出规律性的东西，发现、分析与诊断健康教育工作中存在的问题和不足。

七、及时反馈修订

根据评价结论可以发现问题，并且进行信息反馈，及时对学前儿童健康教育计划或方案提出修改意见。整个评价过程到此告一段落，并通往下一个循环，这样可以将学前儿童健康教育推向更高层次和水平。例如，将幼儿健康状况评价结果定期向家长反馈，进一步了解影响幼儿健康状况的原因，及时采取措施，做好幼儿健康的保护工作，做好突发健康问题的处理预案。

第四节　学前儿童健康状况评价内容

学前儿童健康状况的评价是一项复杂而困难的工作，评价的内容包括幼儿身体生长发育评价和心理健康评价。定期进行健康检查和评价是幼儿园保健工作的重要措施。这样有助于了解幼儿的体格和心理发育状况，有的放矢地做好学前儿童健康教育工作。

一、学前儿童身体生长发育评价

学前儿童身体生长发育是衡量学前教育机构保育质量的一个重要指标。选择反映人体生长发育的基本测量指标，运用正确的测量方法，通过与正常发育标准数的分析比较，能够对学前儿童身体发育状况做出准确的评价，进而作为评价和改善学前教育机构保育质量的重要指标。

1. 身体生长发育的衡量指标和测量方法

为了较好地反映幼儿生长发育状况，保证评价的高效率，选定的生长发育基本测量指标不仅应该能够比较准确地评价幼儿生长发育的水平和速度，对于判断其体形特征具有重要的参考价值，还应该能够与其他形态指标、生理功能指标和运动能力指标具有密切的相关性。同时，选择和运用精确度较高和准确性较好的测量方法也是至关重要的。一般来说，人们常常根据上述原则，将衡量幼儿身体生长发育的基本指标确定为体重、身长（高）、头围、胸廓、腹部、骨骼和牙齿等。

2. 身体生长发育评价标准及方法

身体生长发育标准是评价个体或集体幼儿生长发育状况的统一尺度。一般通过一次大数量的发育调查，收集发育指标的测量数值，经过统计学处理，所获取的资料可以成为该地区个体或集体幼儿发育的评价标准。由于各生长发育指标呈伏期增长趋势，同时地理环境、气候条件、社会经济状况、营养来源和生活方式等因素可导致不同地区幼儿的发育水平呈现一定的差异性，

0~6岁儿童生长
发育指标

因此，生长发育标准是暂时的、相对的，可以根据不同的时间、地点和条件的改变进行调整。

为了使评价更加客观、准确，要根据样本对象的不同制定出现状标准和理想标准，在实际运用中将这两者结合使用。

（1）现状标准是借助标准化程序和样本的抽样调查，运用一定的统计学处理方法和各种评价量表制定的规范化的评价标准。这种标准能够客观、准确地描述个体的发育水平及其在群体中所处的位置，同时也可用于个体或群体之间的比较和评价。选择的对象一般未经过严格的挑选，这个标准只可以代表一个地区一般的幼儿体格发育水平，而不是生长发育最好的幼儿水平。运用这种标准进行评价是相对评价。

（2）理想标准是用于评价个体或群体发育状况是否达到理想水平的标准。运用这种标准进行发育状况的评价是绝对评价。选择样本为在最适宜的环境中的优秀群体，有合理安排的膳食和喂养，能够得到足够的热能和营养素，有良好的生活条件，得到良好的卫生保健服务，其体格发育状况比较理想。因此，根据所测得的数值制定出来的标准高于一般幼儿的水平。

为了使评价准确、客观，评价时要考虑幼儿体格生长发育特点及影响因素，不能简单地根据体重高低判断营养状况的优劣；同时，也不能忽视那些体格生长测量结果与正常同龄、同性别幼儿的标准值有较大差距的幼儿，防止因不能及时查明原因进行矫治而影响其健康发育。

目前我国常用的体格评价方法可分为单项指标评价法和多项指标综合评价法。

【微知识】

关于幼儿消瘦问题的健康教育

定期健康检查（体格生长发育指标）：发现个体幼儿存在消瘦问题。

寻找原因：将健康检查结果及其评估内容告知家长，共同寻找可能的原因，如营养

摄入不足、反食、睡眠不足，以及某些疾病所致等。如果通过营养调查分析，发现主要为供给营养素不足，可以进一步调查家庭膳食，以找到引起营养不良的原因，是由于饮食安排不当、烹饪方法不合理，还是由于儿童挑食、偏食等不良的饮食习惯引起。

健康教育：向家长宣传营养科学知识，可以让年长幼儿和家长一起讨论，帮助家长制定出合理食谱，并且引导幼儿建立良好的饮食习惯，督促执行。

评估实施结果：2～3个月后，通过体格生长发育指标的测量、评估，复查健康教育和干预效果。执行良好的幼儿长胖，效果显著；未执行者，要进一步寻找原因，并且协调解决可能存在的问题。

二、学前儿童心理发育评价

学前儿童心理发展的水平主要表现在感知、运动、语言和心理过程等各种能力及性格方面。影响学前儿童心理发展的因素是多方面的。其中，来自学前教育机构的心理社会环境、物理环境等是重要的影响因素。因此，从某种程度上说，学前儿童心理发展的健康状况往往是衡量学前教育机构保育质量的重要指标之一。对学前儿童心理发展状况进行评价，客观、公正地了解学前儿童在当前生态环境下的行为表现，从群体幼儿中鉴别出儿童的问题行为和心理发展障碍，进而有针对性地实施早期保育，有利于提高保育质量，促进学前儿童心理的健康发展。

常用的学前儿童心理发育的评价方法有谈话法、观察法、筛选检查法和诊断检查法。其中，对于幼儿园保教者来说，最常用的是谈话法和观察法。由于受到幼儿认知水平、语言能力，以及评价者本人的认知水平、人格特征、情绪情感、教养态度等多方面的局限，幼儿心理评估过程存在着一定的复杂性，难度较大，需要评价人员具有特殊的心理评价知识和技能，并对幼儿的生理、心理有基本的了解。评价人员还必须明确不同心理评价方法获取信息的可信度。谈话法、观察法、筛选检查法的评价信息只能用于初步评价，不能得出诊断性结论，所获取的评价信息也不能对日后的智力发展有任何预测，只能提供一定的参考意义；而智力测验、人格测验的评价信息则可以得出诊断性结论。评价者应该正确地理解这些信息的评价意义。

1. 谈话法

谈话法，是对幼儿进行心理发育评价时获取所需信息的一种简单而普遍运用的方法。谈话往往是从幼儿心理发育问题（感性或经验层面）出发，有明确的目的，围绕问题（主题）进行。谈话对象可以是幼儿或者与幼儿熟悉的人。谈话应选择有利于自然、轻松地开展谈话的时间和地点，如在家长接送幼儿时或者在幼儿自由游戏时。由于影响幼儿心理发育的因素有多个方面，因此，谈话内容也可以是多方面的，如母亲妊娠期情况、家庭成员关系、同伴关系等，记录方式可以是客观实录（如录像、录音），也可以是关键词笔录。

谈话法的运用要注意以下几点。

（1）确定谈话对象、谈话场所和谈话时间。

（2）制定不同的谈话提纲。以聊天等形式开放式导入，围绕主题进行谈话，或者以直入主题式导入，围绕事先设计好的问题进行选择式谈话。

（3）记录谈话过程。可以通过录音、笔记等方式进行，强调记录的及时性和客观性。

（4）根据谈话信息进行评价。

需要指出的是，由于谈话法所获信息的可信度有一定的局限，所以只能初步估计幼儿心理发育的水平，为幼儿心理发育的进一步评价提供参考依据。另外，评价者也可以结合其他的评价方法，比较全面客观地评价儿童的心理发育状况。

2. 观察法

观察法是评价幼儿心理发育状况的一个重要环节，为进一步评价幼儿心理发育水平提供大量有价值的信息。观察也是从幼儿心理发育问题（感性或者经验层面）出发，有明确的目的，在自然条件下对幼儿进行观察。在观察过程中，应做好资料、信息的记录、整理和分析。常用的记录方式有客观实录、等级记分和频数记分。

观察法的运用要注意以下几点。

（1）确定观察者、观察对象、观察场所和观察时间。由于观察法强调的是自然状态，因此应尽量选择与幼儿熟悉的人作为观察者，如本班教师或者家长；如果必须请与幼儿尚未熟悉的人作为观察者，须经过一段时间的熟悉期，减少幼儿由于紧张而表现出不自然的信息。

（2）制订观察评定表。可以根据观察内容的特点，在观察者经验或者相关研究结果的基础上，制订一份观察评定表，如表9-3所示。观察评定表的制定有利于观察者完整地记录信息。

（3）记录观察过程。可以通过录像、笔记等方式进行，强调记录的及时性和客观性。

（4）根据观察信息进行评价。

表9-3　Conners教师用量表

序号	项目	程度			
		无	稍有	相当多	很多
1	扭动不停	1	2	3	4
2	在不应出声的场合制造噪声	1	2	3	4
3	提出要求必须立即得到满足	1	2	3	4
4	动作粗鲁	1	2	3	4
5	暴怒及不能预料的行为	1	2	3	4
6	对批评过分敏感	1	2	3	4
7	容易分心或注意力不集中的问题	1	2	3	4
8	妨碍其他幼儿	1	2	3	4
9	白日梦	1	2	3	4
10	噘嘴和生气	1	2	3	4

续表

序号	项目	程度			
		无	稍有	相当多	很多
11	情绪变化迅速和激烈	1	2	3	
12	喜欢争吵	1	2	3	4
13	能顺从权威	1	2	3	4
14	坐立不定，经常"忙碌"	1	2	3	4
15	易兴奋，易冲动	1	2	3	4
16	过分要求教师的注意	1	2	3	4
17	好像不为集体所接受	1	2	3	4
18	好像容易被其他幼儿领导	1	2	3	4
19	缺少公平合理竞赛的意识	1	2	3	4
20	好像缺乏领导能力	1	2	3	4
21	做事有始无终	1	2	3	4
22	稚气和不成熟	1	2	3	4
23	抵赖错误或归罪他人	1	2	3	4
24	不能与其他幼儿相处	1	2	3	4
25	与同学不合作	1	2	3	4
26	在努力中容易泄气（灰心丧气）	1	2	3	4
27	与教师不合作	1	2	3	4

3. 筛选检查法

筛选检查法是运用尽可能简便的方法筛选出一些发育中可能有问题的，但在临床上尚无症状的幼儿。对于有问题的幼儿，可用筛查工具检查予以证实或否定；对于高危的幼儿，可以进行发育的监测。筛选检查快速、简便，能在短时间内得出结果。筛选检查法只提供对儿童的粗略评价，发现幼儿是否存在心理障碍和行为问题，不能得出诊断性结论。筛选评价往往使用"可能""大致"等评价词语。

（1）听力筛查。

检查者位于幼儿后方，手持听力计距离受检幼儿耳朵50cm处，并注意在耳后方45°处，避开幼儿的视线。先在右侧给声，观察幼儿对声的反应，继而换到左侧给声，仔细观察其对声的反应。如果给声后观察到幼儿有明显的反应，即通过；如果反应不明显，可给声3次，有两次通过即可。给声时要注意发声约2s，停顿4～5s后再重复给声。

给声顺序：先选择40dB（分贝）、1000Hz的声音进行测试，然后再分别给2000Hz、4000Hz，最后给500Hz。如果40dB无反应，再取60dB依次给声。

要注意幼儿的状态，如果处于深度睡眠状态或者哭吵不安时，则不能进行检查。如果幼儿对于听力计的声音不敏感，可以用已测试过频率的响声玩具结合进行测试。

幼儿对刺激声音可能做出的反应方式有：头转向声源、眼球转动（注视声调、方向）；转头或转身；停止了正在进行的动作；浅睡眠状态时从睡眠中醒来；出现笑容；发生哭、叫；表情惊讶；发出声音（或者语言回答）；用手指示（声源方向）。

（2）发育筛查。

发育筛查可用于幼儿语言、大动作、精细动作和人际适应能力等方面的评价。目前比较常用的是丹佛发育筛查试验及其修订试验。

丹佛发育筛查的项目共有 104 项（见表 9-4），分布于 4 个能区，即大动作、精细动作适应性、语言、个人社会。每一个项目用一条横条作为代表，横条安排在一定的年龄范围之间。每一个横条有 4 个点，分别代表 25%、50%、75% 和 90% 的正常幼儿通过该项目的百分比数。横条有"R"的，表示这个项目允许向家长咨询而得到结果。横条注有 1，2，3…的是注解，测试时按照注解进行。表的顶线与底线均有年龄标记。

（3）NYLS 3 ～ 7 岁儿童气质问卷。

NYLS 即 New York Longitudinal Study，意为纽约纵向研究。该研究是美国儿童心理学家及精神病学家托马斯（Thomas）和切斯（Chess）领导的研究小组提出的。

气质是个性心理特点之一，主要表现在心理活动（包括情绪）的强度、速度、稳定性、灵活性和指向性方面，它是心理活动的动力特征。托马斯和切斯认为，儿童气质包括以下 9 个维度。

① 活动水平，是指在活动（游戏、进食、穿衣或睡眠）中身体活动的数量，即活动期与不活动期之比。

② 节律性，是指饥饿、睡眠、大小便等生理活动是否有规律。

③ 趋避性，是对新刺激的最初反应特点，即接受或躲避。

④ 适应性，是指对新环境或新刺激的接受过程，是容易还是困难，如旅游、初去幼儿园或学校时的适应能力。

⑤ 反应阈限，是指唤起一个可以分辨的反应所要的刺激强度，如对光、噪声或温度等刺激强度。

⑥ 反应强度，是对刺激产生反应的激烈程度，包括正性情绪和负性情绪，如遇某事情是大声哭闹、兴高采烈还是反应轻微。

⑦ 心境特点（情绪本质），是指友好的、愉快的、高兴的行为数量与不友好的、不高兴的行为之比，即主导心境状态。

⑧ 分心程度，是指注意力是否容易从正在进行的活动中转移。

⑨ 注意广度和持久性，是指专注于活动的时间，即从事单一活动的稳定注意时间的长短。

托马斯和切斯确定的气质类型的划分标准如下。

① 难养型：节律性、趋避性、适应性、反应强度、心境特点中至少 3 项低于平均值；反

表9-4 丹佛发育筛查表

应强度高于平均值；5 项中至少 2 项偏离出 1 个标准差。

② 易养型：如果反应强度高于平均值，则其他 4 项中最多有 1 项低于平均值，如果反应强度不高于平均值，则其他 4 项中最多有 2 项低于平均值；没有任何 1 项偏离出 1 个标准差。

③ 启动缓慢型：5 项中至少 3 项得分低于平均值，且趋避性或适应性有 1 项低于 1 个标准差；活动量得分不可高于 1/2 个标准差；心境特点得分不可低于 1 个标准差。

4. 诊断性测验

对于筛查出有问题的幼儿，可以进行进一步的诊断性测验，确定其发育商或者智商，并且对其中的智能迟缓者进行病因诊断和治疗。常用的诊断性工具有格塞尔发育量表、贝利婴儿发展量表和比纳西蒙量表。

应该指出的是，无论是筛查性测验还是诊断性测验，都是非常严肃的评估，为了提高测验结果的真实性，必须由具有相关资质的专业人员，在专门的环境下，采用适合不同年龄的测验方法和测验工具，对由一位家长陪同下的幼儿进行心理发育状况的评估。连续两次结果可疑或二次评价为异常的幼儿，均需要做进一步的检查或转上一级医院。测试后，应向家长和保教人员提示幼儿发展的趋势并提供保教上的参考。

（1）格塞尔发展量表。格塞尔发展量表适用于出生 4 ～ 6 岁的幼儿，是目前国内外应用最广的智力发展评价工具之一。该量表包括 5 个能力区，能对幼儿的各种能力分别进行评价，具体如下：

① 适应能力：测查对外界刺激的组织、综合分析，以及应用过去的经验解决新问题的能力。

② 大运动能力：身体姿势、头部控制、坐、站、爬、走、跳的能力。

③ 精细运动能力：用手和手指进行抓握和操作物体的能力。

④ 语言能力：语言理解和表达能力。

⑤ 个人社交能力：控制大小便、进食、穿衣等生活自理能力，独自游戏、合作，对训练及社会习俗的反应等社会交往能力。

（2）贝利婴儿发展量表。贝利婴儿发展量表是美国心理学家贝利（Bayley）及其同事在参考格塞尔发展量表的基础上编制的，适合 23 月龄的婴幼儿。第二次修订后将被测试对象年龄扩大到 0 ～ 42 月龄。我国学者修订过的该量表包括智力量表、精神运动量表和行为记录 3 个部分。其中，智力量表（163 项）测试婴幼儿感知、记忆、学习、概念、发音、语言等能力；精神运动量表（81 项）测试大运动和精细动作；行为记录（24 项）包括记录测验过程中婴幼儿所表现的情绪状态、对人和物体的反应性、注意力、坚持性、目标定向、活动程度和兴趣等。该量表是目前国内外应用最广的发展量表之一。其特点是常模样本大、信度效度高、结果计算精确。

（3）比纳西蒙量表。比纳西蒙量表是世界上第一个测量智力的量表，是法国教育部为了设计一种鉴别儿童学习能力的工具而聘请心理学家比纳（Alfred Binet）和西蒙（CT.Simon）编制的。该量表有 30 个题目，按照难度由小到大排列，以通过题数的多少作为鉴别智力高低的标准。该测验后来进行了首次修订，增为 58 个题目，所有项目按照年龄分组，每一岁为一组，年龄从 3 岁至 13 岁，共分为 10 组。近年来，比纳对其进行再次修订，更改了一些项目的顺序和内容并增加了成人组。

第五节　学前教育健康管理制度的评价

学前教育机构的各项健康管理制度是否健全、贯彻执行的情况是否良好，是衡量学前教育机构健康管理工作好坏的重要依据。衡量学前教育机构健康管理制度的标准主要有：制度的健全性、制度执行的实效性和制度调整的动态性。学前教育机构的健康管理制度主要包括以下方面：生活作息制度、健康检查制度、定期膳食调查和营养评价制度、常见疾病管理制度、计划免疫和传染病管理制度、体弱儿的保育制度、日常消毒制度，以及意外事故防止和发生后的安全制度。

一、生活作息制度

有规律的生活作息习惯是健康生活方式的重要方面。科学地制订和安排适合幼儿身心发育特点的生活制度和各项活动，不仅可以使幼儿养成良好的生活习惯，促进幼儿的健康成长，并且可以保证幼儿园保教任务的顺利实施。幼儿园在制订生活作息制度时，应充分考虑自身条件和幼儿的具体情况，根据本地区的气候、习俗、地理环境等进行切合实际的安排，建立必要的、合理的常规。生活制度的制订应该根据幼儿大脑皮层的始动调节、动力定型等特点，坚持一贯性和灵活性相互结合的原则，培养幼儿的良好习惯和初步的生活自理能力。

幼儿园的生活作息制度包括一日生活作息制度、周生活作息制度、学期生活作息制度和学年生活作息制度。其中，最主要的是一日生活作息制度。幼儿一日生活中的环节有：晨（午、晚）检、进餐、睡眠、盥洗、如厕、教学活动、游戏和户外活动等。因此，生活作息制度的评价也是围绕这些方面来进行的。

在幼儿早晨起床或入园、中午起床、晚间入睡前（寄宿制幼儿园）实施检查，通过"一问、二摸、三看、四查"进行对健康情况的了解，注意幼儿的情绪变化，必要时做好登记。

进餐制度是指对幼儿饮食的时间和数量进行规定，并严格执行。一般情况下，幼儿要做到一日三次正餐，上下午各加点心一次。年龄大点的幼儿，上午的点心可以取消；对于体弱的幼儿，要逐渐增加进餐量且增加餐前运动量；对于超重或者肥胖幼儿，在运动量和膳食热能上考虑其个别化特点；对于过敏体质的幼儿，也要注意膳食内容的特殊性。

由于幼儿的睡眠时间随年龄和健康状况而变化，因此，生活作息制度需要对不同年龄段幼儿的睡眠时间进行规定。幼儿每天需要睡眠的总时数如下（夜间和白天）：3～5岁一般为12～13小时；5～7岁一般为11～12小时。教师要注意幼儿睡眠时的出汗、呼吸和翻动情况；根据幼儿睡眠的差异性调整床铺的位置，在睡眠管理上更加灵活，必要时可以将活动室和卧室打通，使某些不愿意继续入睡的幼儿起床后在教师的照顾下进行安静活动。

教育活动应安排在幼儿精力最充沛的时间段内，在早饭后半小时开始最佳。幼儿年龄越小，兴奋就越不易集中，注意力也就越不易持久。活动持续时间应根据不同年龄幼儿的主动注意时间而定，遵循由易到难、动静交替等规律，活动时间不宜过长。

在生活制度安排中，每日应保证幼儿有充足的时间进行游戏和户外活动。幼儿每日游戏的时间要根据幼儿的年龄和幼儿园的实际情况决定。游戏应安排在通风良好、空气新鲜、采光照明良好的地方进行。幼儿户外活动时间在正常情况下，每天不得少于2小时，要充分利用日光、空气、水等自然因素，以及本地自然环境，有计划地锻炼幼儿肌体，增强幼儿身体的适应和抵抗能力，对体弱或有残疾的幼儿，教师要予以特殊照顾。户外场地应清洁安全，周围无危险物。

二、健康检查制度

健康检查是指对工作人员和幼儿进行的定期或不定期的体格检查。学前教育机构的工作人员，每年必须在当地妇幼保健机构或当地卫生部门指定的卫生医疗机构进行一次健康检查；体检合格，并且获得卫生部统一监制的、健康检查单位签发的健康证明后方能上岗工作。患有国家法定传染病、化脓性皮肤病、精神病的保教人员、炊事员不得再从事相关工作。幼儿的健康检查在时间上应包括入园前的健康检查、定期的健康检查、每日的健康观察，在内容上应包括体重、身高、头围、胸围、肺活量、脉搏、血压、眼睛、耳朵、鼻、口腔与咽喉、扁桃体、胸部、背部、四肢等健康检查。定期对幼儿进行健康检查，了解幼儿的生长发育和营养状况是否达到正常的标准，以便尽早发现幼儿的疾病和生理缺陷，检查不利于幼儿生长发育的因素，及早进行干预和矫治。对幼儿进行健康检查，工作人员要填写出勤、晨间检查和观察异常情况记录、幼儿体格测量的登记表。

健康检查制度除了对检查时间和检查内容进行规定以外，还需要对各种检查项目的检查方法进行规定。因此，对幼儿园的健康检查制度进行评价时，要重点考察其内容是否全面、方法是否科学合理，并考察其对检查结果的分析处理措施是否及时、合理。

三、定期膳食调查和营养评价制度

完整的定期膳食调查和营养评价制度应该包括临床评估、膳食调查和实验室检查，能够对幼儿营养状况进行全面可靠的评估。学前教育机构主要参与膳食调查和体格生长评价等部分临床评估。

1. 膳食调查

膳食调查的内容是计算每人每天膳食中所摄取的营养素是否能满足每日活动的需要。调查的目的是了解幼儿的饮食情况，每人每天各种营养素的摄入量，结合体格检查的结果，评定营养的合理性，从而为改进膳食结构，改善幼儿的营养状况提供依据。

膳食调查内容包括幼儿的进食量、膳食的调配、每餐的间隔、烹调方法对营养素的影响、进食环境和饮食卫生等方面。在膳食调查时，必须以几种营养素作为衡量标准，继而从食物成分表中查出幼儿所食食品中营养素的含量，衡量该数量能否满足儿童的需要，以评价膳食质量。常用的膳食调查方法是称量法、记账法和询问法。膳食调查后，应进行膳食评价，对膳食进行调整，以保证幼儿正常发育。

膳食评价包括膳食种类评价、食物进食量评价、各种营养素一日摄入量评价、热量营养素摄入量的评价和各种营养素供给量的评价。

2. 体格生长评价

幼儿体格生长状况能够比较准确地反映其营养状况。学前教育机构应在膳食调查的基础上，结合幼儿体格生长指标的变化、幼儿生长发育中的个体差异及幼儿进餐情况等进行综合评价分析，根据具体情况做出适当调整。

常用的体格生长评价指标主要有体重、身长（高）、头围、上臂围和皮褶厚度。其中最能反映幼儿营养状况的是体重，能够反映幼儿过去的长期营养状况的是身长（高）。

四、常见疾病管理制度

常见疾病管理制度主要是指呼吸系统疾病、消化系统疾病、营养性疾病、五官常见疾病和寄生虫病等的预防、检查、登记和治疗制度。对于反复呼吸道感染、佝偻病、营养不良、贫血等患儿、体弱儿，应建立专门档案，加强管理。

对于寄生虫病的预防制度，主要是建立定期的驱虫制度，同时要对两岁以上幼儿的驱虫情况进行登记。驱虫前的准备包括：与当地卫生防疫机构建立联系，明确保健医生的职责，安排驱虫时间，当班教师与家长联系并宣传驱虫的意义和注意事项，消除幼儿的恐惧心理。在驱虫实施过程中，保教人员和医务保健人员应该相互配合，防止漏驱、错驱或重复驱虫，对于驱虫时出现的不良反应要采取应急措施。

常用的疾病管理登记表

五、计划免疫和传染病管理制度

计划免疫和传染病管理制度主要包括预防制度和预后制度两类。

1. 预防制度

预防制度包括建立并实施科学、规范的晨间健康检查和日间观察制度、消毒制度和预防接种制度。检查制度旨在尽早发现生病的幼儿，并及时把生病的幼儿和可疑传染病者安排在隔离室，同时建立隔离室档案登记。消毒制度能够消灭外界环境中的病原体，切断传播途径。预防接种制度是指严格按照规定的接种种类、剂量、次数、间隔时间等进行预防接种，并防止漏种、错种或重复接种。

预防接种制度评价主要根据预防接种的过程是否有严格的规定进行判断，包括对接种登记、接种前准备、接种中的工作和接种后的工作等的评价。预防接种的登记方面包括建立幼儿预防接种卡和预防注射卡，在预防接种卡上对每个幼儿的接种状况进行详细记录，以保证预防接种的衔接性。

2. 预后制度

预后制度是指传染病发生后的措施。首先，要对传染病患者所在班的环境进行彻底消毒。其次，要有专人（保健员）负责幼儿园传染病的报告、登记、统计、分析和管理工作。发现《中华人民共和国传染病防治法》规定的甲类传染病病儿或疑似病儿，应立即先用电话报告市、区（县）卫生局、防疫站、妇幼保健所，再填写传染病报告单，在法定时间内（城镇 6 小时，农村 12 小时）报有关单位；发现乙类传染病、丙类传染病病儿，应及时填写传染病报告单并在规定时间（城镇 6 小时，农村 24 小时）内报告。

对于曾经与传染病患儿接触过的幼儿，要实行检疫。检疫期以该传染病的最长潜伏期确定；同时，要根据该传染病的前驱期、症状明显期的相关症状进行观察。在检疫期间，受检疫幼儿应与健康幼儿隔离，但每日活动照常进行。对于发生或可能发生传染病的患儿和患病工作人员应该建立和实施隔离制度，这是幼儿园控制传染病传播和蔓延的一项重要措施。

六、体弱儿的保育制度

体弱儿的保育制度，是衡量幼儿园个别化健康管理质量的有效指标之一。体弱儿的保育制度是婴幼儿多发病防治制度的重要组成部分。幼儿园中常见的体弱儿多患有肥胖、营养性缺铁性贫血、维生素 D 缺乏性佝偻病、营养不良、生长迟缓、先天性心脏病、反复呼吸道感染和哮喘等疾病。对于这些特殊幼儿的健康管理工作必须建立专人负责制度，建立个人档案、随访制度、个案记录和小结分析制度，通过与家长访谈、病史资料收集和日常活动观察记录等方式开展。与此同时，幼儿园保教人员应该建立有针对性的生活、保健、护理、治疗等保育工作；注意活动室、卧室的通风换气；注意户外活动时运动量的调整、衣服的及时增减；注意膳食结构的适当调整等。

七、日常消毒制度

日常消毒是预防疾病发生及切断传染病传播途径的一项重要措施。日常消毒包括餐具、毛巾、玩具和室内空气等的消毒工作。幼儿园按照各省、市学前教育机构消毒常规建立并严格执行消毒制度，由保健教师负责消毒工作的技术指导和检查执行效果。保健教师必须接受卫生防疫机构消毒灭菌技术培训并获得合格证书。餐具、毛巾、玩具和室内空气等必须按照规定定期进行消毒，并达到以下卫生要求：班级空气细菌菌落总数小于或等于 2500cfu/m³ [①]；环境、玩具、手的表面的细菌菌落总数均应小于或等于 15cfu/m²，并不得检出大肠菌群与致病微生物；食具、餐具、饮具、熟食器具等表面菌落总数应小于或等于 250cfu/ml。学前教育机构中的幼儿活动室、卧室、厕所、营养室、隔离室，应采用含氯、碘等消毒剂每日进行一次预防性消毒。幼儿一人一巾一杯一餐具，一用一消毒，大便便盆也是一用一消毒。常用的消毒方法有热力灭菌法、日晒法、化学法等，其中不会对物品产生损坏的消毒方法是紫外线消毒法。

八、意外事故防止和发生后的安全制度

学前教育机构应该建立健全安全制度，明确各项安全规则，做到有章可循；同时，定期进行安全检查并做好记录，以确保安全措施的落实。学前教育机构的安全制度，包括意外伤害发生前的预防制度和意外伤害发生后的急救措施处理制度。

预防制度包括门卫制度，饮食卫生制度，交接班制度，房屋、设备、消防、交通等安全防护和检查制度，食品、药物等管理制度，幼儿接送制度和保教人员急救培训制度，保教人员安

---

① cfu 即 Colony-Forming Units，意为单位体积中的活菌个数。

全教育制度等，并且要建立保教人员安全守则。各种物品应放在固定、安全位置，一般内服药必须有明显标签，妥善保管，放在幼儿拿不到的地方，严禁将外用药水、消毒药品、热水瓶、开水壶、热饭热菜和可能伤害幼儿的物品带进班级。交接班时要清点人数，交代安全情况后方可离岗。给幼儿服药时应该事先核对无误，不漏服，不错服。不携带私人用品进班，特别是有尖锐棱角的物品、金属物品、有壳核食物、外用化学药水等，不佩戴长耳环，不留长指甲。

预防意外事故的基本原则是事先计划、建立规则、谨慎指导和开展安全教育。慎重的考虑和谨慎的计划，有利于为幼儿选择适宜的设备和活动，为不可预知的意外事故做好准备。规则是通过安全的方式来帮助幼儿使用游戏设备、开展适当的游戏，以及与他人互动。而谨慎指导对于年龄小的幼儿、危险性较高的活动尤其必要。保育者应该为幼儿创设一个安全的环境，包括玩具、设备、教室活动、远足活动等方面的安全环境。

急救措施处理制度是指意外伤害发生后的处理备案，包括保教人员接受急救训练、专门人员来协调和指导意外伤害发生后的处理、建立紧急联络的电话号码簿（家长、医院、消防队、救护车和警察局）、输送路线的安排、配备班级急救物品和建立意外事故报告制度。重大责任事故（如由于保教人员失职导致的幼儿死亡、残疾、重要组织损伤等）要及时电话报告市、区卫生局和妇幼保健所，然后再书面上报。责任事故应立即报告。一般事故应该在两天内报告，不漏报，不迟报。要求一般事故年发生率小于 0.5%，无责任事故、体罚和变相体罚。评价安全制度的标准在于制度的健全性和执行的健全性。管理不善、制度不严、监督不力往往是幼儿园发生事故的主要原因。通过这些制度的制定和实施，可以使学前教育机构的建筑、设备符合安全要求。生活环节中要保证幼儿安全，并且在室内外活动中保证安全工作。

第六节　学前儿童健康教育活动的评价

学前儿童健康教育活动评价分为 4 个方面的内容：对教育活动准备工作的评价、对教育活动设计和实施过程的评价、对所产生的近期影响的评价、对健康教育总目标的评价。

一、对学前儿童健康教育活动准备工作的评价

对学前儿童健康教育活动准备工作的评价包含以下内容。

（1）评价学前儿童健康教育活动是否适应不同年龄和发展水平的幼儿的需要、兴趣、接受能力，以及幼儿参与健康教育活动的程度等。看似热闹的学前儿童健康教育活动往往只是教师教学能力和教学技巧的充分展示。

只有能激发幼儿积极参与活动、充分体验学习乐趣，并在愉快的学习中获得发展的健康教育课程才是好的课程。

（2）评价学前儿童健康教育活动计划所选定的目标和各级分目标的合适程度，各级目标轻重缓急安排的顺序的合理程度。具体来说，是否根据我国《幼儿园教育指导纲要（试行）》所提出的健康教育领域总目标，是否根据不同年龄进行目标分级，是否在目标选定时考虑了螺旋式上升的特点，是否从目标指向的紧迫性、针对性、即时性等因素考虑各级目标的轻重缓急。

（3）评价学前儿童健康教育活动所确定的策略和实施措施是否正确和合理，是否适合教育对象及其他各方面的客观情况。具体来说，评价学前儿童健康教育活动是否具有可行性，教师是否做好准备等。

二、对学前儿童健康教育活动设计和实施过程的评价

对学前儿童健康教育活动设计和实施过程的评价包含以下内容。

（1）评价学前儿童健康教育活动的设计质量。具体来说，评价教育活动设计是否考虑到幼儿的经验水平和学习特点，教育活动设计是否考虑到教育材料的可获得性、教育活动设计是否考虑到与整个幼儿园课程的整合。

（2）评价学前儿童健康教育活动实施过程中组织领导、分工和协调情况。学前儿童健康教育活动的实施往往需要教师、保育员协作完成。近年来，随着利用家庭、社区和幼儿园资源进行立体式健康教育模式的倡导，健康教育活动实施中的组织、领导、分工和协调，成为学前儿童健康教育活动目标实施的重要保障。例如，作为面向家长的幼儿园营养教育系列内容之一，家长品尝会不仅有助于家长了解幼儿园的膳食状况，还能够进一步向家长普及有关科学育儿的膳食知识，从而实现家园共同提供科学膳食、改善婴幼儿营养状况的目标。显然，该健康教育计划的实施需要周密的管理基础，通过教师、保健教师、园长共同组织、分工和协调完成。

（3）评价学前儿童健康教育活动实施过程中所选择和组织的教学内容和材料、运用的方法和技术、采用的教育途径和组织形式等方面的质量和效果。在体育活动中，丰富的运动材料、适宜的活动空间及合理的运动规则，有助于幼儿获得足够的活动，获得充分的锻炼。一般来说，衡量幼儿体育活动的标准是高密度、低强度，时间不能太长。多媒体技术运用适合幼儿思维的具体形象性特点，能够激发幼儿的学习兴趣，尤其适合形象性、动态性教学内容的呈现。

（4）评价学前儿童健康教育活动实施过程的效率和成本效益等方面的问题。这是对学前儿童健康教育的教育资源利用有效性的考虑。例如，将闲置空间改建为室内锻炼场所，能够增加幼儿参加体育锻炼的机会，这是提高幼儿园健康教育资源利用的有效性的措施；专用游泳池对于幼儿夏天的健身而言，是一项良好的设施，但是专用游泳池往往存在占地面积大、闲置时间长、利用效率低、维护费用高及闲置时间容易出现幼儿意外事故等问题；必要的费用应该用于活动场地、体育设施、体育器材的定期检修工作，这样可以减少由此可能造成的幼儿体育活动意外事故的严重后果。

三、对学前儿童健康教育活动所产生的近期影响的评价

近期影响是指在健康教育活动实施基本结束后一年之内,通过观察、调查或者测量而得到的结果。对近期影响的评价包括对幼儿对有关健康知识和技能的掌握状况,幼儿对健康问题的价值观、态度和信念的变化状况,幼儿卫生习惯和行为的变化状况等的评价。对于学前教育机构而言,幼儿的健康状况是衡量健康教育影响力的根本因素,即通过幼儿的生长发育、患病率和死亡率的指标进行判断。

四、对学前儿童健康教育总目标的评价

对学前儿童健康教育总目标的评价是指从宏观上评价学前儿童健康教育活动所产生的社会价值和效益,评价社会对学前教育机构健康教育的参与和支持程度等。

【实践项目】

实践项目一:狮子拔牙(大班)

一、活动目标

(1)幼儿能安静地听故事,并且可以简单地复述故事的主要情节,跟着教师的思路积极地思考回答故事的有关问题。

(2)幼儿学习故事主人公小兔子遇到困难,用自己的聪明才智去解决的能力,而不是畏畏缩缩。

二、活动准备

(1)教学挂图和故事的录音。

(2)故事中动物的头饰,狮子、小兔子、小猪、小猴子和小狗的道具。

三、活动过程

> 1. 教师设置悬念来吸引幼儿的注意力
>
> 教师:"小朋友,大家好啊,看看我手中的这个是什么呀?(狮子的道具)小朋友们知道这是什么吗?……下面我要讲的故事啊,和这个道具有关系。小朋友一定要认真听哦!"
>
> 2. 幼儿欣赏故事
>
> 教师通过教学挂图先给小朋友讲述故事,幼儿倾听,想象故事描述的情节。之后给幼儿听第一遍故事录音。

3. 教师在幼儿听过第一遍录音之后提出问题

教师可以一边提问一边再讲述一遍故事。教师："小朋友们，刚刚我们讲了一遍这个故事，又听了一遍录音，现在我们再回忆一下其中重要的故事情节，大狮子在森林里蛮横地告诉小动物们说：'我要吃了你们。'于是呀，小动物们都吓得跑开了。小朋友们想一想，大狮子都遇见了哪些小动物啊？有人知道吗？"（幼儿回答）

"对，小朋友真聪明，有小兔子、小猪，还有小猴子。那小兔子要送给狮子什么礼物啊？小朋友一块回答我好不好？"（幼儿回答）

"是的，小兔子送给狮子的是糖，于是呀，狮子就每天都吃小兔子送给它的糖，而且吃完就呼噜呼噜地睡大觉。那么我们的第三个问题来啦，狮子吃了小兔子的糖以后怎么样了啊？"（牙疼）

"对，狮子开始牙疼了，于是呢，狮子就去看牙医了。那么，牙医生是哪只小动物啊？小朋友们仔细想一想。"

"想到了吧，是小狗，小狗医生说，你得了严重的齿病，得把牙拔光。小兔子、小猪、小猴子高兴得跳起了舞，调皮的小猪还冲着狮子吐舌头呢。"

4. 教师请幼儿再听第二遍录音回答问题

教师："在整个故事当中一共出现了几个小动物？说说它们都是怎么面对蛮横的狮子的。"

5. 教师引导幼儿一起讨论

教师请幼儿们说说最喜欢这个故事中的哪个小动物，并说出喜欢它的原因。教师引导幼儿看图来复述这个故事。在这一环节中让小朋友们畅所欲言，各抒己见，说出心中最真实的想法。

6. 教师引导幼儿与教师一起表演这个故事

教师让幼儿更为深刻地感受这个故事，体会故事带给大家的寓意。

7. 活动结束

教师让幼儿最后再听一遍故事录音。

四、活动评析

在这次教学活动中，幼儿的参与热情很高，也很积极地回答关于故事所提的问题，尤其在表演故事这个环节中，幼儿的表演欲望也很强。这次教学活动，始终让幼儿成为学习的主体，为他们创造了一个想说、敢说、喜欢说、有机会说的语言交流环境，让他们在自主、创新的活动中发展了语言能力，达到了活动的目的。但是，还有一些幼儿由于性格内向不太敢说，一些幼儿不太愿意加入谈论与表演当中，所以在今后的教学中要重视这些孩子，多向他们提问，多给这些孩子提供畅所欲言的环境和锻炼自己的机会。在教学过程中，教师要引导幼儿知道不能吃太多的糖，多吃糖会吃坏自己的牙齿；要培养幼儿遇到困难不能畏畏缩缩，要坚强，要积极地想办法解决的意识。

实践项目二：小兔子搬家（中班）

一、活动目标

（1）练习双腿夹物跳的动作，发展腿部力量。

（2）激发参与体育活动的兴趣。

二、活动准备

（1）塑料圈每人一个，山洞、垫子和泡沫板等若干。

（2）萝卜、青菜、可乐瓶、毛绒玩具（幼儿人数的 3 ～ 4 倍）；录音机、磁带。

（3）与幼儿人数相等的小兔胸饰。

（4）幼儿已养成良好的规则意识，在游戏中不推挤。

三、活动过程

---

1. 导入部分

幼儿手拿塑料圈开汽车进场，跳开心舞（自编圈操，配上音乐）。

教师："兔宝宝真行，会跳这么好看的舞。那你们会不会用手里的圈，帮自己搭小家呢？"

2. 基本部分

（1）兔妈妈带小兔把圈搭成小兔的家。（圈与圈连成圆形或方形）教师："好累呀，让我们在搭好的小家里休息一下，好舒服呀！"教师："家里什么也没有！怎么办？"

（2）小兔们在兔妈妈的带领下为新家购买物品。要求：每次只能买一样物品，买来的物品要用双腿夹住跳回家。当兔妈妈喊："狼来了！"小兔们迅速逃回家，在塑料圈里蹲下。兔妈妈说："大灰狼走了。"小兔们再接着购买物品。

（3）游戏"小兔搬家"。兔妈妈和小兔商量："大灰狼真讨厌，经常偷袭我们，我们还是搬家吧。"讨论：怎样才能把家里的那么多的东西都搬走？兔妈妈和几只小兔示范夹物跳的搬家方法。

（4）造新家。自选小桥路（塑料地垫铺成曲折的小桥）再过小树林路，夹着圈跳到家的新址，把圈搭成一个新家（圆形或方形），再钻过山洞，回到原处。

（5）搬家。自选小桥路再过小树林路，夹一样东西跳到新家，把物品放进新家里，再钻过山洞，继续搬家。教师根据幼儿的活动情况进行指导。

3. 结束部分

自己帮自己按摩腿，互相敲敲腿、捶捶背，进行放松活动。

四、活动评析

本次活动中，教师结合了中班幼儿体育锻炼的目标要求，创设游戏情境。在整个活动中幼儿始终兴趣盎然、主动参与、敢于尝试，释放了巨大的学习潜能。通过搬家练习双腿夹物跳的动作，发展幼儿腿部力量，幼儿表现出了主动学习、勇于挑战的精神，增强了幼儿团结合作的精神。

【本章小结】

◆ 常见的学前儿童健康教育评价的理论模式有外貌模式和 CIPP 模式两种。

◆ 学前儿童健康教育的评价过程包括确定评价目的，设计评价指标，确定资料收集的方案，实施评价，收集资料，分析整理资料，形成评价结论，以及及时反馈修订等环节。

◆ 学前儿童健康状况的评价是一项复杂而困难的工作，评价的内容包括儿童身体生长发育评价和心理健康评价。

◆ 学前儿童健康教育评价的原则包括：单项评价和综合评价相结合；定性评价和定量评价相结合；筛查性评价和诊断性评价相结合；形成性评价和终结性评价相结合；绝对评价和个体间差异评价相结合；自我评价和他人评价相结合。

【本章练习】

一、思考题

1. 设计一个家长（其孩子有多动倾向）的访谈提纲。

2. 举例说明学前儿童健康教育评价的原则。

二、实操题

观摩一次学前儿童健康教育活动，对其教育设计和实施过程进行评价。